Wilhelm J. Gerhards

Was die Niers uns flüstert

Geschichten und
Anekdoten aus dem alten
Mönchengladbach, Rheydt, Wickrath
und Rheindahlen

Wartberg Verlag

Bildnachweis:

Stadtarchiv Mönchengladbach: Titelseite, S. 7, 24, 25
Privat: S. 5, 10, 31, 32, 33, 34, 37, 39, 41, 43, 50
Wilhelms Gerhards: S. 11, 13, 15, 23, 27, 28, 35, 45, 55, 56,
Umschlag Rückseite
Niersverband Viersen: S. 47, 49
Stadtwerke Rheydt: S. 52, 53
Ellen Dennhoven: S. 59, 73
Zippo Zimmermann: S. 67

Gewidmet meiner Ehefrau, Ellen Dennhoven,
und überhaupt: allen Engeln.

1. Auflage 2008
Alle Rechte vorbehalten, auch die des auszugsweisen Nach-
drucks und der fotomechanischen Wiedergabe.
Satz und Layout:
Grafik & Design Ulrich Weiß, Gudensberg
Druck: Thiele & Schwarz, Kassel
Buchbinderische Verarbeitung:
Buchbinderei Büge, Celle
© Wartberg Verlag GmbH & Co. KG
34281 Gudensberg-Gleichen, Im Wiesental 1
Telefon (0 56 03) 9 30 50
www.wartberg-verlag.de
ISBN 978-3-8313-1927-5

Inhaltsverzeichnis

Zu Beginn

Erzählen und Lesen, das sind einfache Mittel, die fast jedem zur Verfügung stehen, deren jeder sich bedienen kann. Und mit diesen sollten wir versuchen, unsere Welt zum Besseren zu verändern, wenn wir das können und wollen: Sich mitteilen und die Dinge beschreiben, den Anderen nicht im Unklaren lassen! Auch Fragen stellen, keine Angst haben davor, denn die Schule kann die Menschen nicht alles lehren. Und „Was Hänschen nicht lernt ...“ Stimmt schon lange nicht mehr dank heutiger Medien.

Erzählungen bestehen aus Fragen und ihren Antworten. Wir müssen also einfach wieder erzählen! Mein Sohn sagte als er acht Jahre alt war und im Fernsehen die „Tagesschau“ gesehen hatte:

„Papa“,

Ich: „Ja“,

Er: „Papa, wenn alle Menschen sich in den Arm nehmen, dann kann doch keiner schießen!“ Und kurze Zeit später: „Wo haben die armen Leute die vielen Gewehre gekauft, die sind doch teuer?“

Ich war bestürzt, welche Ängste dieses Kind hatte, aber auch welche Philosophie der kleine Kerl in den wenigen Jahren seines Bewusstseins auf dieser Welt entwickelt hatte. Er hatte mir eine Geschichte erzählt, seine Gedanken, seine Geschichte, Gedanken aus Fragen dieses Tages seiner kleinen Welt.

War es seine Überlebensstrategie, weil er schon als kleiner Knirps gerne las, darum war seine Geschichte entstanden, eine Geschichte aus ganz wenigen Worten, aber noch war es eine Geschichte nur aus Fragen, ohne Antworten. Diese müssen wir Erwachsenen geben, durch unser Erzählen, durch unser Vorbild.

Das mögen große Worte sein, aber im Erinnern und Erzählen – nicht von Ideologien – liegen die Gefühle, die uns vor Missverständnissen bewahren, damit Menschen keine falschen Schlüsse ziehen, die zu verheerenden Entscheidungen führen können. Es ist von nicht geringer Bedeutung, diese Werte zu bewahren.

Aber wir haben noch eine Chance. Die Zeit können wir nicht zurückdrehen, aber sie ab heute mit besseren Inhalten und Werten füllen. Darum ist Erzählen so wichtig, auch, damit wir wieder Zuhören lernen, und nicht sinnlos daherplappern.

Der Autor, ein Kind des Rheinlandes, hat den Menschen zugehört, die Landschaft erkundet und im Laufe seiner Jahre selbst einiges am Niederrhein erlebt, als Journalist, Buchautor und Kaufmann. Er ist dem Schlängeln des Flusses von der Quelle bis zur Grenze der Niederlande nachgegangen. Dorthin fließt er, der kleine Fluss, um in die Maas zu münden. Wir erfahren mehr über diese Heimat und den Mentalitäten der Menschen. Wenn wir uns die Zeit nehmen und dem Fluss einmal in Ruhe zuhören, dann erfahren wir in diesem Buch:

„Was die Niers uns flüstert"

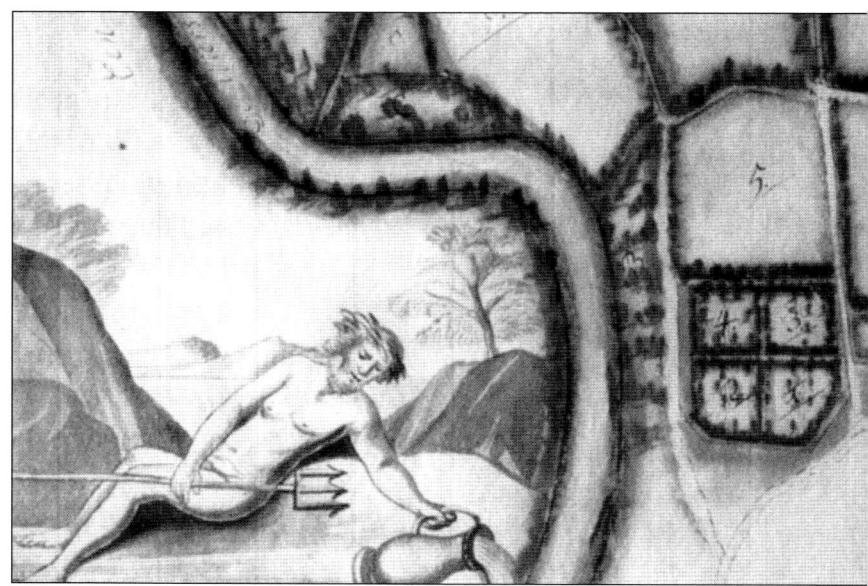

Die personifizierte Niers in der Vorstellung unserer Vorfahren

Joste(n) Harry

Erinnerung an den Clown, Artisten, Zauberkünstler, Menschen 1886–1979

Dass Menschen alt werden, über 80 Jahre, das ist keine Seltenheit, aber dass ein Mann mit 80 noch im freien Kopfstand ein Bier trinkt, das sieht man selten. Dass das aber geschehen ist und nicht zu irgendwelchen halbwahren Geschichten mit nostalgischem Anklang gehört, das habe ich erlebt. Schon die Tatsache, dass man ihn mit dem Familiennamen zuerst anspricht, den Vornamen dann dranhängt, – Joste(n) Harry – und den Familiennamen durch Weglassen des letzten Buchstabens quasi ins rheinisch Plattdeutsche übersetzt, darin liegt schon eine Ehrung für einen Mann hier am Niederrhein, der zu den großen Originalen Mönchengladbachs gehörte. Aber Harry war ein kommunaler Kosmopolit, wenn es so etwas überhaupt gibt, er ließ sich nicht von einem Stadtteil Mönchengladbachs vereinnahmen, auch nicht von seinem Geburtsort, wo bekanntlich starke Wurzeln sein sollen. Fest steht, dass Harry im Jahre 1886 in Rheindahlen geboren wurde, aber in der kleinen Welt hielt ihn nichts, wie auch seine spätere Karriere zeigte, die weite Welt rief ihn. Alles was die Natur ihm mitgegeben hatte, behielt er ein Leben lang, so auch sein Schielen, „d'r Selverbleck" (der Silberblick), über den er selbst seine Späße machte und andere Menschen bewusst verunsicherte, mit Worten wie „Wo de hinkickst, doo stonn ech nett" (wo du hinguckst, da steh ich nicht). Joste(n) Harry war aber auch ein Kosmopolit, wenn es darum ging, die Welt zu sehen. Seine Fähigkeiten zum Clown und zum Akrobaten, das waren die Dinge, die ihm viele Möglichkeiten boten, z. B. als der Zirkus Sarrasani ihn in den 20er-Jahren des vorigen Jahrhunderts als Clown engagierte. „Clown, das bin ich auch ohne Schminke oder Maske, das ist mein Schicksal", sagte Harry, und das glaubt man ihm, wenn man seine

Josten Harry

Bilder sieht, mit dem steifen schwarzen Hut, dem Bibbi, dem melancholischen Blick und seine pfiffige Gestik. Er meinte damit seine Neugier, angeregt durch die Zirkusatmosphäre noch schwierigere Dinge dort zu tun, um die man sich durch Körperkraft und Geschicklichkeit bemühen musste, und viel Fleiß, Fleiß und nochmals Fleiß. Und so kam es dazu, dass Harry sich erstmals eine Zirkusnummer erarbeitete. Sie bestand darin, dass er auf einer mannshohen Kugel stehend, diese mit der Kraft des Körpers und der Balance über eine schmale schiefe Ebene bis in 15 Meter Höhe – höher als ein fünfgeschossiges Haus – steuerte und wieder herunter. Harry war kein Aufschneider, und so glauben wir ihm, dass er in seiner Zeit zu den Großen seiner Zunft gehörte, deren Erinnerungen wir nicht auf Magnetbandaufzeichnungen des Fernsehens finden, sondern die lediglich in den abgegriffenen Schwarzweiß-Aufnahmen bestehen, die Harry mit sich führte.

Seine Späße erfreuten ihn selbst, wenn er die staunenden Gesichter seiner Zuschauer sah. Er packte eine Glühbirne an, die anfing zu leuchten, ohne Strom, versteht sich, dann schüttete er ein Glas Bier in eine zum Trichter geformte Zeitung, rollte sie dann wieder auseinander und las sie in aller Ruhe weiter. Auch sein Kartentrick imponierte den Leuten sehr. Er ließ sich vom Wirt ein Kartenspiel geben, fächerte es auseinander und ließ jemanden eine Karte verdeckt ziehen. Die Karte steckte er wieder an einer x-beliebigen Stelle ins Kartenspiel, dann warf Harry es gegen die Theke und die vorher gezogene Karte blieb am Tresen hängen, während die anderen zu Boden fielen. Zum Abschluss des Auftrittes, den ich gesehen habe, nahm er einen Wirtshausstuhl, legte ein Kissen drauf, „mit Rücksicht auf den Stuhl", wie er witzelte, drückte mit Hilfe der Hände einen Kopfstand, streckte sie dann vom Körper weg, „ich muss ja mit den Händen das Bier trinken", so auch hier seine flotten Worte. Und man mag es nicht glauben, wenn man es nicht gesehen hat, er trank das Bier in einem Zuge aus. Dann schwang er zurück in den Stand, zeigte dem Wirt den Stuhl, „… dass ihm nichts passiert ist", und bedankte sich bei seinem Publikum. Dann reichte er einen leichten Aschenbecher rund, auf dem ein 50-Pfennig-Stück klebte, was ein Hinweis für ein kleines Entgelt sein sollte.

Ein Mann wie Harry, der in seiner eigenen geschaffenen Anonymität lebte, bot seinen Zeitgenossen immer Stoff für Vermutungen, z. B. dass er ein reicher Mann sei. Man munkelte da von einer wertvollen Goldmünzensammlung. In Wahrheit hatte Harry in seiner Glanzzeit von einer „hochgestellten Persönlichkeit" – wenn er das Wort ‚hochgestellt' sagte, sah er traurig zum Himmel und brachte das Wort in eine witzige Bedeutung – eine Goldmünze geschenkt bekommen.

Wer ihn gekannt hat, wird sich gerne erinnern, wer ihn nicht gekannt hat, für den soll diese Würdigung geschrieben sein.

Und so wie der Joste(n) Harry ohne ein großes Aufsehen auf der Bühne seines Lebens erschienen war, um die Menschen zu erfreuen und seine Fähigkeiten und Energie auszuleben, so leise verließ er auch diese Bühne als seine Kräfte nachließen und er auf fremde Hilfe angewiesen war. Er ist 93 Jahre alt geworden und hat nichts hinterlassen für den, der die materiellen Dinge dieser Welt meint. Für die anderen hat er sehr viel hinterlassen, eine reiche Spur in Form von freudigen Erinnerungen in den Köpfen vieler Menschen, viele Zeitungsberichte und die Erinnerung an eine Persönlichkeit, die ihn zum Original machten und zu einem liebenswerten Menschen, der von so einem freundlichen Gemüt war, dass er selbst im Himmel noch Erstaunen auslöst.

Dederichs, ohne Vorname

Bevor die Eisenbahn nach Gladbach kam

An der Ecke Bahnhofstraße, die heute Bismarckstraße heißt, stand ein alterschwaches Häuschen, in dem der Bote Dederichs wohnte. Warum niemand seinen Vornamen überliefert hat, ist unerklärlich, denn alle nannten ihn nur Dederichs, wodurch er für alle unverwechselbar war. Es ist zu vermuten, dass er einen Vornamen hatte, der so oft vorkam, dass man sich den ersparte. Als äußeres Zeichen, als Firmenzeichen sozusagen, trug er immer einen schwarzen Zylinder.

Solange es in Gladbach noch keine Eisenbahn gab, war Dederichs der Begriff für Leute, die Transporte zu vergeben hatten, denn Dederichs war zuverlässiger und schneller als die Konkurrenten mit ihren Fuhrwerken am Standort Gladbach. Dederichs hatte eine dreirädrige Schubkarre, vor die er einen Hund gespannt hatte, ein gutes Gespann, Dederichs und der Hund, denn der Hund hatte es gut bei dem Boten und musste nicht wirklich den Karren ziehen, mit der er Briefe, Päckchen und Pakete von Gladbach nach Düsseldorf und zurück beförderte. Man hatte ihn auch schon nachts auf der Strecke gesehen, sodass seine Zuverlässigkeit sich schon bald rundgesprochen hatte. Man kann diese außergewöhnliche Leistung Tag für Tag nur damit erklären, dass die Menschen früher aus anderem Schrot und Korn und trainiert waren.

Besonders beliebt war Dederichs bei den Geschäftsleuten, bei denen es auch schon damals auf Zeit ankam, und auch die Zuverlässigkeit war die Qualität seiner Arbeit. Täglich war der Schubkarren hoch gefüllt und schwer, so kamen die Geschäftskunden auf die Idee, Dederichs einen größeren und besseren Karren und einen Esel zu schenken. Also wurde der beliebte Transportunternehmer eines Tages in das Rathaus im Hof der Abtei bestellt. Für Dederichs war es, als würde er auf einem Staatsempfang sein.

Schwere Transporte, erst mit der Hand, dann mit Esel, später mit Pferd

Es erwarteten ihn der Bürgermeister, einige Herren als Abordnung der Geschenkgeber und drei Verkäufer, die je einen Esel vorführten, von denen sich Dederichs ein Tier als Geschenk aussuchen konnte. Eine Karre mit den zwei Deichselstangen stand da, mit der er schon bald abfahren sollte. Aber der Bote war verlegen, er kannte nur die einfache Welt seiner schweren Arbeit. Der Bürgermeister löste die ungute Situation auf, indem er den Verdutzten ansprach, der schnell noch seinen schwarzen Zylinder vom Kopf nahm, zusammenklappte, und ab da den Bürgermeister anhörte: „Dederichs, sööckt ööch dee beeste Ä'esel druut." („Suchen Sie sich den besten Esel raus.") Langsam kam dieser zu sich und erfasste, welches große Geschenk man ihm machen wollte: „Nee Hä'er, datt ess tevöll vörr mech, datt ü'evverlott ech öch, err hatt mije Ä'eselsverstank." („Nein das ist zuviel der Ehre für mich, mein Herr, dass überlasse ich Ihnen, Sie haben mehr Eselsverstand.")

Die ganze Versammlung lachte herzhaft ob des ungewollten Humors, auch der Bürgermeister lachte und schlug Dederichs wohlwollend auf die Schulter. Dann entschied er sich für einen der Esel, spannte an und zog dankend seines Weges, jetzt als noch schnellerer Transporteur Gladbachs. Seinem Fleiß verdankt er es später, dass er das Geld hatte, sein altes Häuschen zu renovieren und auszubauen. Ein großes Schild mit einer geschwungenen Schrift war neben der Haustür angebracht: Dederichs – Kohlenhandlung – Transporte aller Art

Jetzt war die Eisenbahn von Düsseldorf nach Gladbach gelegt worden, und die machte die Botengänge Dederichs für die weite Strecke überflüssig. Aber er konnte sich im Gladbacher Raum aufgrund seiner Beliebtheit noch lange Jahre als Unternehmer halten und schuf sich

Dederichs – oder die letzte Ruhe

ein zweites Standbein für seine Existenz, er machte einen Kohlenhandel auf. Und immer noch trug er seinen schwarzen Zylinder, der jetzt noch besser zum Geschäft passte. Seine Spezialität war es, die Kohlen an der Bahn scheffelweise abzuholen und seine Kunden auch mit kleinen Mengen zu beliefern, denn der Platz in den Kellern der alten Häuser war knapp bemessen. Die Kohle wurde zur damaligen Zeit nicht nach Gewicht berechnet, sondern nach Raummaß, als Scheffel, gehandelt, wie beim Holz heute noch.

Im Alter, im Jahre 1910, erinnert sich Dederichs gerne an sein Leben in der frühindustriellen Zeit in Gladbach. Selbst er bezeichnet seine Zeit als hektisch, aber schön war sie, es gab so viel Neues, und das hält jung, man altert durch die Dinge, die nicht gesund sind, das war seine Devise. Dann muss er schmunzeln, dass ihn nie einer nach seinem Vornamen gefragt hat. Und so will der Chronist auch nicht weiter forschen, denn es gibt so viele Dinge, die wichtiger sind im Leben, als einen Vornamen zu haben. Er starb im hohen Alter von 90 Jahren und auf seinem Grabstand stand auch nur „Dederichs – Dank für ein langes und schönes Leben".

Eingeheiratet

Frisches Blut auf altem Hof

Könnt Ihr mir vielleicht sagen, wo die Familie Hermes wohnt?" fragte Heinrich, ein junger Mann, als er die Straße Großheide in Mönchengladbach entlangging und eine ältere Frau ihm entgegenkam. Sie war gebeugt, und man sah ihr an, dass das Leben sie gebeutelt hatte, aber sie versuchte mit ihrem Stock eine würdige Haltung zu bewahren. Sie lugte seitlich unter ihrem Kopftuch zu dem ihr groß erscheinenden Mann hoch, und ihre Augen mit dem aufgeweckten Blick verkleinerten sich, als sie ihn abschätzte. „Ah, du willst nach Wienands!", sagte die Alte, gab aber bereitwillig die Auskunft, dass er auf dem richtigen Weg sei und an der nächsten Ecke links abbiegen müsse. Ihre Hilfe kam nicht ohne Neugier, wie man an ihrem ganzen Gehabe merkte, und sie dachte, was der junge Mann wohl dort an einem Sonntagnachmittag zu tun habe und ahnte es. Darum fügte sie hinzu: „Der Onkel Johann ist zu Hause, auch Frau Hermes und die Tanten sind da", und sie sah forschend in seine Augen, als sie wohlwollend hinzufügte: „Auch die Maria ist wieder da." Heinrich bedankte sich artig, lächelte die Alte an und bog bald zu dem kleinen villenähnlichen, schönen alten Haus ab, wo er nach einem zurückhaltenden Empfang und der Begrüßung schon bald mit der Familie im prächtig ausgestatteten Wohnzimmer saß. Die bäuerlichen Familien sind sehr freundlich, aber abwartend in ihrem Verhalten, wenn sie andere Menschen und ihre Absichten noch nicht kennen. Alle in der Runde errieten, warum Heinrich gekommen war, und sie schauten sich den jungen Mann an und wussten ihn nach ihrer Lebenserfahrung einzuschätzen.

Aber auch Heinrich sah sich alles mit einem prüfenden Blick an, die alten Tanten, den stillen Onkel Johannes. Bei dem jungen Mädchen Maria, von dem er gehört hatte, dass es in einem feinen Internat gewesen war und sogar die

Nicht alle Pferde heißen Max – Heinrich heißt der Bauer

französische Sprache erlernt hatte, verweilte sein Blick unauffällig wohlwollend lange. Sein Bruder und der Bruder des Mädchens hatten gemeinsam Theologie studiert und gehörten dem gleichen Orden an, und ein weiterer Bruder von ihm hatte ebenfalls den Dienst in der Kirche gewählt. Sie waren insgesamt vier Söhne zu Haus.

Und dann glitt sein Blick über das stille Hofgelände, das sich weit und geräumig dehnte, wo aber die Ställe leer standen und die Gerätschaften vernachlässigt in den Ecken lagen. Das eine gefiel ihm, das andere machte ihn traurig, wenn er an den Hof seines Vaters dachte, den ein weiterer Bruder von ihm bewirtschaftete. Hier war das anders. Der einzige Sohn des Bauern war Priester geworden, und Onkel Johannes alte Knochen waren der harten Arbeit auf dem Hof nicht mehr gewachsen. Was werden würde, das wusste man an der Großheide noch nicht. Heinrich kam noch oft zu Besuch und fand mit zunehmender Zeit eine freundliche Aufnahme.

Es war im Monat August 1909 bei der Primiz von Marias Bruder, als die Verwandten beider Familien sich erstmals kennenlernten. Da saß der weite Verwandtenkreis der Familie Wienands-Hermes-Clemens und Heinrich mit seinen Eltern und seinem Klosterbruder an einer Tafel, und beide Seiten sollten sich nachher zu Hause sagen, dass sie sich sympathisch seien, was nicht unwichtig war.

Man feierte ein so großes Fest, wie man es „seit Menschengedenken" nicht erlebt hätte, so sagte man in Groß-Heide und Windberg. Und als man auseinanderging, da pfiffen es die Spatzen von den Dächern: „Übers Jahr", so hieß es hinter vorgehaltener Hand, „wird in diesem Haus eine Hochzeit sein". Bis 1910 waren die Äcker verpachtet, es konnte also auf dem Hof in Groß-Heide kein bäuerlicher Betrieb eröffnet werden, die Brautleute mussten warten. Als am 4. Mai die Hochzeit stattfand, wurde das Fest im engsten Familienkreis gefeiert. Das Paar war nicht weniger glücklich als bei der großen Primizfeier, denn es war eine Sache der Vernunft und der Zukunft, auch wenn die Verwandten sich wunderten. Für die gottesfürchtigen Leute lag aber der eigentliche Grund für die maßvoll begangene Hochzeit im unterschiedlichen Charakter beider Feste. Während die Primiz im Vorjahr der Abschluss einer langen schweren Arbeitszeit und der vielen Studienjahre mit hohen Ausgaben war, stand die Hochzeit für den Beginn einer Durststrecke mit schwerer Arbeit und wiederum vielen Kosten. Es galt, einen Hof, der jahrelang stillgelegen hatte, wieder in Betrieb zu nehmen. Hier war kein Stück Vieh, kein Pferd, keine Kuh, kein Schwein, kein Hund, nur leere Stallungen. Inzwischen waren die Verträge abgelaufen und die Äcker frei geworden. Sie mussten bestellt werden, Gerätschaften waren notwendig, die ehemals gebrauchten standen und lagen umher, der Rost hatte ihnen zugesetzt. Was war noch zu gebrauchen, zu reparieren, was musste neu angeschafft werden? Dann all die tausend kleinen Dinge, die einst vorrätig gestanden hatten, wo waren sie hingekommen? Waren sie überhaupt noch vorhanden?

Ein Acker ohne Dünger würde wohl nur geringen Ertrag abwerfen, auch darum würde man trotz der schlech-

Strohmieten auf dem Feld nach der Ernte

ten Zeiten um Auslagen nicht herumkommen. Knecht und
Magd arbeiteten für hohen Lohn. Da versteht man, warum das Paar beschloss, die Hochzeit im kleinen Rahmen
zu feiern. Und es lief gut an, der wohlwollende alte Onkel
Johannes, die gute Seele, der sich freute, dass der Betrieb
wieder lief, stellte dann auch eine Kuh in den Stall, und
auch die in die Jahre gekommenen Tanten, die ansonsten
ihre Ruhe liebten, halfen wo sie konnten. Marias Mutter
war so geschäftig von früh bis spät, als hätte sie alles allein tun müssen. Obwohl Heinrich auch nicht mit leeren
Händen gekommen war, blieb der Anfang schwer. Oft hatte er Sehnsucht nach dem geordneten Hof seines Bruders,
aber er war so stark, dass er weder Selbstbemitleidung
noch Heimweh zuließ, denn sein Platz war in Groß-Heide.
Was im ersten Jahr nicht kam, das kam im zweiten oder
dritten Jahr, und so füllten sich allmählich die Ställe, die
Gerätschaften waren in Ordnung, der Betrieb lief, und die
Arbeit brachte lohnenden Ertrag.

An einem herrlichen Spätsommertag, die Sonne schien, die Kühe im Stall brüllten, weil sie auf die Weide geführt werden wollten, die Magd aber vorher noch die Milchkanne zum Haus tragen musste, wo die Pferde wiehernd den Pflug hinausschleppten, die Tauben flatterten und die Hühner gackernd um das reichlich gestreute Futter zusammenliefen, wo Heinrich mit hochbeladenem Wagen durch das Tor fuhr, den Erntesegen in die Scheune einzubringen und die Kinder unter der Aufsicht der Großmutter zum Spielen in den Garten eilten, da stand der Onkel Johannes in seinen weiten Stiefeln zufrieden auf seinen Reisigbesen gestützt und lächelte still vergnügt: „Es ist doch schön, Bauer zu sein, Gott sei Dank, dass ich das alles noch erleben darf." Auch die alte Tante Trina schaute freundlich durchs Fenster und sagte zu ihrer Schwester Bella: „Es hat so sein sollen, Gott hat seinen Segen dazugegeben und unser Gebet erhört." Und die stets leidende Tante Bella, die in ihrem weiten schwarzen Gewand und mit dem weißen Tüchlein um den Kopf einer mittelalterlichen Äbtissin nicht unähnlich sah, betete: „Der Herr segne und behüte dich, er zeige dir sein Antlitz und sei dir gnädig, und er gebe dir den Frieden."

Der poetische Demagoge

Ein Diener des Schreckens

Es gibt Untersuchungen, und mancher Student hat am Ende promoviert, über die poetische Seite des Joseph Goebbels aus Rheydt, Jahrgang 1897. Propagandaminister unter Adolf Hitler. Oder müsste es vielleicht demagogischer Poet heißen? Diese Frage ist nicht geklärt und wird wahrscheinlich immer für einen Studienansatz gut sein, der nicht zum endgültigen Wissen führt, aber bestimmt kann poetisches Schreiben nicht die Ursache sein, dass ein Mann zum größten Verführer der deutschen Volksmassen wird.

Es war im Jahre 1917, als sich der Student Joseph Goebbels für Altphilologie, Germanistik und Geschichte an der Universität Bonn einschreibt. Trotzdem dass er immer in Geldnot ist, lässt er es sich nicht nehmen, der katholischen Burschenschaft „Unita Sigfridia" anzugehören und als Fuchsmajor zum ersten Mal im Mittelpunkt zu stehen. Er hat sich in der Gemeinschaft der Korpsstudenten wohlgefühlt. In zwei Novellen „Die die Sonne lieben" und „Bin ein fahrender Schüler, ein wüster Gesell..." preist er die rheinische Studentenherrlichkeit.

Jetzt ist er endlich ein Mitglied der bildungsbürgerlichen Gesellschaft geworden, und trotzdem, als er die Kommilitonin Anka Stalherr einem studentischen Freund ausspannt, sie bittet nach seiner eigenen Aussage um seine Liebe, was ihn veranlasst, festzuhalten: „Zum ersten Male erfahre ich, wie ein Weib leiden kann", erfährt er durch die Eltern des Mädchens leidvoll, welche gesellschaftliche Stellung er tatsächlich hat, sie ermahnen die Tochter, „sich nicht zu sehr mit dem behinderten Habenichts einzulassen". Goebbels hatte nach einer Knochenhautentzündung und der damit zusammenhängenden Wachstumsverzögerungen als Kind ein verkürztes Bein behalten.

Über die Situation in diesen Kreisen, in denen er verkehrt, hält er später fest: „Ich war in ihr doch nur ein Paria, ein Verfemter, ein nur Geduldeter, nicht etwa, weil ich weniger leistete oder weniger klug war als die anderen, sondern allein, weil mir das Geld fehlte, das den anderen aus der Tasche ihrer Väter so überreichlich zufloss. Der monetäre Engpass wurde ihm genommen durch ein Darlehen des katholischen Albertus-Magnus-Vereins. Zeitzeugen erzählen, dass später der arrivierte Politiker nicht an die ständige Geldnot erinnert werden wollte, und so zahlte er erst nach einem zähen Ringen der Geldgeber, die sich nicht von seiner Prominenz beeindrucken lassen, im Gegenteil, die Summe an diese zurück. Überhaupt hadert er mit seinem Schicksal und mit seinem Gott und schreibt folgendes Gedicht:

Ein Nachtgebet

Ich fluche Dir, dreieiniger Gott,
Dass Du mich ließest werden,
Und hasse nichts, wie Dich, Phantom,
Auf dieser ganzen Erden.

Gib mir ein Beil, und ich zerschlag
Dir Deine Paradeisen,
Und will der Menschheit einen Weg
Zu neuem Glücke weisen.

Und willst Du, dass sich Sonn' und Mond
Um Deinen Himmel drehen,
Ich trotze Dein, ich will allein
Den Weg zur Hölle gehen.

Ich lache Deiner Gnadenhuld,
Spar' Dir für Deine Frommen,
Und lass mich, lächerlicher Gott,
In Deine Hölle kommen.

Denn ich will trotzdem ohne End'
Dem Himmel und der Erden
Und fluchen Dir in Ewigkeit,
Dass Du mich ließest werden.

Wer aber in dem Gedicht schon den zu erkennen glaubt, der er später wurde, täuscht sich, auch wenn der Text zeigt, welche grenzenlosen Gedanken er fassen kann, denn es sind mehr die Schreie eines pubertären Verhaltens, denn in der gleichen Zeitphase zwischen 1910 und 1917 schreibt er ein Gedicht über einen verstorbenen Freund, das zeigt, zu welchen Gefühlen er fähig ist.

Der tote Freund

Hier steh' ich an der Totenbahre,
Schau Deine kalten Glieder an.
Du warst der Freund mir, der wahre,
Den ich im Leben lieb gewann.

Du musstest jetzt schon von mir scheiden,
Ließest das Leben, dass Dir winkt,
Ließest die Welt mit ihren Freuden,
Ließest die Hoffnung, die hier blinkt.

Ließest die Eltern, die Armen,
Und auch den Bruder, den getreu'n,
Hat denn der Tod gar kein Erbarmen,
Wird ihn nicht seiner Tat gereu'n?

Es ist keine große Literatur, die Joseph Goebbels schrieb, da die Qualität sich mit den Jahren nicht verbesserte. Ein Schreiben, wie viele Menschen es in frühen Lebensphasen tun, nur, dass der Schreibumfang größer war und die Versuche hartnäckiger. Das hat etwas mit seiner geringen Körpergröße und seiner Behinderung zu tun, denn es offenbarte sich ein profilneurotisches Verhalten und die Angst, übersehen und übergangen zu werden. Auch wenn ihm in seinem Schreiben der intellektuelle Durchbruch nicht gelingt, so ist zu erkennen, dass er mit dem Medium Sprache umzugehen weiß. Gepaart mit dem unbändigen Willen dem Mittelmaß zu entfliehen und sich ein sprachliches Profil zu schaffen, entsteht eine Figur von großer Ausstrahlung, die in seiner Zeit zu dem bekannten „Erfolg" führte. Ein Gnom, der reden kann, ohne Blatt, der mitreißen kann, der zu begeistern weiß.

Man muss mit Zeitzeugen gesprochen haben, um noch einmal zu erleben, wie nachhaltig die Reden waren, die mit Unterstützung einer geübten Gestik von einem kleinen Menschen vorgetragen, Erinnerungswert bekamen, der über alle Maßen war.

Goebbels glaubte, dass sein körperlicher Makel ein Zeichen dafür sei, dass Gott ihn zu Großem geschaffen habe. So versuchte er sich mit zwei Schauspielen und auch mit Romanversuchen, änderte das Genre innerhalb der Literatursparten, ohne Erfolg zu haben. Zahlreiche Verleger lehnten eine Veröffentlichung ab, bis das Buch „Michael – Ein deutsches Schicksal in Tagebuchblättern" im NSDAP-eigenen Eher-Verlag, München, in gebundener Form erscheint, zu einem Preis von 5 RM, wofür er es nicht verlegen könne, soll Ernst Rowohlt einmal gesagt haben.

Niemand fühlte sich anfangs für die Auswertung der literarischen Versuche des Joseph Goebbels zuständig, hatte man es doch hier mit der Grauzone zwischen Geschichts- und Literaturwissenschaft zu tun. Heute ist man sich einig, dem „Werk" Goebbels fehlt literarische Qualität. Den Menschen lediglich aus seinem Schreiben zu ergründen und seine menschliche Entwicklung daraus abzuleiten, hat zeitweise eine Faszination ausgeübt, wird es auch noch weiter tun, und es wird noch manche Diplomarbeit erscheinen, denn Goebbels hat schließlich einem Schreckensregime gedient, das in der Weltgeschichte unbegreiflich bleibt.

Bei der Kommunalreform im Jahre 1975 kam die Stadt Rheydt zu Mönchengladbach und damit auch der Geburtsort von Joseph Goebbels. Fragt man heute die Bürger, wie sie mit dieser Tatsache leben, dass einer der Obernazis in ihrer Stadt geboren ist und gelebt hat, ist der Tenor der Befragung klar: „Verwandte und Nachbarn kann man sich im Leben nicht aussuchen, und auch Verbrecher sind irgendwann irgendwo geboren worden, das geht nun mal nicht anders, bringt es ein Alt-Rheydter Bürger auf den Punkt.

Zwei Welten – Zwei Hauptbahnhöfe

Mönchengladbach und Rheydt 1933 und 1975

Aus dem Lautsprecher des Hauptbahnhofs Mönchengladbach-Rheydt klingt es nasal: „Hier Hauptbahnhof Rheydt, es ist eingelaufen der Regionalzug von Aachen zur Weiterfahrt nach Krefeld über Mönchengladbach Hauptbahnhof…" Da haben wir die Bescherung, zwei Hauptbahnhöfe in einer Stadt, was es eigentlich nicht gibt, weil es nicht sein darf. Aber nur eigentlich, denn das gibt es schon seit 1975 und hat etwas mit Politik, einem staatseigenen Betrieb und den Folgen zu tun.

Es sei den Leuten, die immer wieder nach Attraktivitäten für einen Hang zum Höheren für ihre Stadt suchen, eine schlechte und eine gute Nachricht mitgeteilt. Zuerst die schlechte, denn am Ende ist es immer so schön, wenn bei der guten der Schmerz nachlässt.

Es ist nicht einmalig in der Welt, noch nicht einmal in Europa, wie viele glauben, dass eine Stadt zwei Hauptbahnhöfe hat. Auch in Madrid ist die Situation die gleiche, wohl aus anderen Gründen, man hat dort den „Estación Central", Hauptbahnhof, „de Chemartin" für den Norden und den „de Atocha" für die Verkehrsbedienung nach Südspanien. Das nur, damit wir uns hier in Mönchengladbach nicht mit den falschen Meriten schmücken oder uns als Rekordträger fühlen. Und die gute Nachricht, dass das doch alles klappt mit dem Meritum, wenn man die Sache weiterdenkt, denn es ist einmalig auf unserem Planeten, räumlich wie zeitlich, dass eine Stadt innerhalb von weniger als 50 Jahren – und überhaupt – einmal zwei Hauptbahnhöfe, dann wieder keine zwei, als einen ordnungsgemäß einen, und dann wieder zwei Hauptbahnhöfe hat.

Im Jahre 1933 trat die Verfügung des Staates Preußen in Kraft, dass die Städte München-Gladbach und Rheydt eine Stadt sind; sie hatten sich ohnehin schon bis zu einer gemeinsamen Naht, sprich Grenze, ausgedehnt und an-

Der neue Hauptbahnhof Rheydt nach dem Krieg

genähert. Damit hatte schon damals die Stadt Gladbach-Rheydt, wie die neue Verbindung hieß, zwei Hauptbahnhöfe.

Mit Joseph Goebbels kam 1933 mit dem verbrecherischen Nazi-Regime Hitlers ein Mann als Minister für Volksaufklärung und Propaganda an die Macht, der 1897 in Rheydt geboren wurde mit einem Elternhaus an der Dahlener Straße. Mit dem Einfluss Goebbels', nicht zuletzt durch seine rhetorischen Fähigkeiten, das Volk in seinem demagogisch geführten Redestil mitzureißen, wuchs auch die Begeisterung der Rheydter Bevölkerung, ihn als Ehrenbürger ihrer Stadt zu sehen, was er dann auch wurde.

Mit großer Begeisterung wurde er in seiner Geburtsstadt empfangen. Höhepunkt des Besuches am 23. April 1933, kaum mehr als drei Monate nach der Machtergreifung, war für die Rheydter die Bekanntmachung, dass die ungeliebte Städte-Ehe am 1. August des Jahres geschieden sei. Dieser Federstrich des Demagogen Goebbels, hat die Popularität des Chefpropagandisten Hitlers in Rheydt

Der Hauptbahnhof Mönchengladbach 1912

bis zu einem Taumel noch einmal gesteigert. Schon am 1. April 1933 hatte man, kaum war die Kunde, ‚Rheydt wieder frei‘, von Berlin durchgesickert, die „Dahlener Straße" in „Joseph-Goebbels-Straße" umbenannt. Gründlich, wie die kommunale Politik damals war, erneuerte das Rheydter Stadtparlament 1934 die Ehrenbürgerschaft des damals „großen Sohnes" der Stadt mit der Begründung, es sei nicht eindeutig, auf welche der beiden Städte, Gladbach oder Rheydt, die Ehrenbürgerschaft bei der Trennung übergegangen sei. Ein solcher Tagesordnungspunkt konnte nur einem Kommunalpolitiker eingefallen sein.

Die Hauptbahnhof-Besonderheit war damit beendet. Bekanntlich währt aber nichts ewig. Als im Jahre 1975 die kommunale Neugliederung von der Landesregierung in Düsseldorf in Kraft trat, wurde verfügt, die Städte Rheydt und Mönchengladbach wieder zu vereinen. Damit hatte man dann auch für die Deutsche Bundesbahn (DB) die Besonderheit der beiden Hauptbahnhöfe wieder geschaffen. Später dann wieder Aufregung in Rheydt, als man hörte, die DB ziehe in Erwägung, den Status des Rheydter Hauptbahnhofes zu überprüfen. Die Bürger

Der Hauptbahnhof Rheydt 1922

aber möchten die Bezeichnung als Relikt aus der Zeit ihrer Selbstverwaltung behalten.

Was sagt das Lexikon eigentlich über die Bezeichnung „Haupt" aus? Zwei Dinge: Die oberste Stelle einer Hierarchie, und zum anderen, in Bezug auf den menschlichen Körper, der Kopf, der unter anderem das Gehirn trägt, das Denken. Es ist also besser zwei Köpfe zu haben, als einen zu enthaupten, was bedeuten würde, den Kopf vom Rumpf zu trennen. Grausam wäre das, nicht allein wegen des Gehirns. Manchmal aber bin ich mir nicht sicher, ob nicht ein Kopf besseres leistet als zwei, z.B. in Behörden, wenn man ihn lässt.

Drei Tage mehr

München-Gladbach 1940 – wir waren jung und verblendet

Wenn ich die alte Bezeichnung und Schreibweise unserer Stadt lese oder höre, dann fällt mir die Geschichte ein, die ein Mönchengladbacher Bürger, Jahrgang 1920, also aus München-Gladbacher Zeit, erzählte.

Heinrich H. träumte davon, als er ein junger Mann war, einmal Norwegen zu sehen. Von dem, was man damals zu lesen und zu hören bekam, davon war er begeistert, frische grüne Sommerlandschaften, tiefblaue Fjorde in den Tälern zwischen lang gezogenen Bergketten, einsame Weiten, die kleinen verwunschenen Holzhäuser, traumhafte Winterabende, das Nordlicht, das alles hatte sein Denken angeregt und füllte das aus, was ein Heranwachsender an Gefühlen der Aufbruchstimmung und Weltverbesserung in sich trägt, die pubertäre Phase des Lebens eben. Das Nordische war „in" bei den Nazis, würde man heute sagen, und die Jugend würde es als ‚cool' bezeichnen.

Die Jungen wurden zu vielem begeistert, erst als Pimpfe, nach der „Pimpfenprobe", vor dem Stimmbruch, wie es hieß, von 10–14, im Jungvolk. Später, nach dem 14. Lebensjahr in der HJ – Hitler-Jugend. Es ist alles da, was zu bieten den Eltern in einfachen und selbst in gutbürgerlichen Verhältnissen nicht oder kaum möglich war. Der Umgang mit Motorrädern, Booten, Segelflugzeugen, die Zeltlager, die Gesänge, das Lagerfeuer, die Kameradschaft und die Führung durch die nur wenig älteren jugendlichen HJ-Führer, alles das begeistert nicht nur ihn. Und einer erzählte, er selbst habe einen Soldaten gesehen, der mit einem Filmgerät bunte Bilder vom Zeltlager filmte. Dass dann die Texte der Lieder sich veränderten, später verbrecherische Taten daraus wurden, das merkten die wenigsten damals, sagt H.

Und dann, Jahre später war es, 1938, Musterung, ging sein Wunsch nach ein einfachen Frage, wo er denn dienen wolle, Norwegen natürlich, in Erfüllung. So einfach kann

Der Winter ist hart in Norwegen

das Leben sein, dachte er sich. Und schon bald, im Jahre 1940 begann die Reise in sein Traumland. Alles andere war auch jetzt noch von wenig Interesse, das Heimweh vielleicht ein Problem, denn mehr als ein Wochenende war er noch nie von zu Hause weg gewesen. Aber da sind noch zwei aus Münchengladbach und einer aus Viersen, wusste er. Dass die Deutschen ohne Kriegserklärung in Norwegen einmarschiert waren, bevor die Engländer es tun, denn es ging auch darum, Rohstoffquellen zu sichern, sagte man, daran verschwendeten wir keinen Gedanken. Hatten wir doch gesungen: „Heute gehört uns Deutschland und morgen die ganze Welt."

Welch ein Wahnsinn sagt er mir, als wir über die Dahlener Straße in Rheydt gingen und auf dem Weg zum Schmölderpark, am Elternhaus von Joseph Goebbels vorbeikamen. „Welch ein Wahnsinn", und es klingt wie: „Warum ist unseren Eltern und Großeltern das Wort ‚Wahnsinn' nicht eingefallen und warum haben sie nicht etwas unternommen?" Wir waren zu jung und verblendet von einem mörderischen System. Alles war wunderbar damals, Deutschland war auf dem Vormarsch, Polen war in zwei Wochen genommen, Dänemark zum eigenen Schutz besetzt worden, wie es hieß. Alles das wussten wir aus den Verlautbarungen des Ministeriums für Volksaufklärung und Propaganda, sagt H. Dieses Ministerium stand unter der Führung des Mitbürgers Joseph Goebbels, und die Kinder in Rheydt sangen doch immer in einem Singsang „Goebbels ist ein guter Mann". Dieser Gladbach-Rheydter Goebbels wird es schon wissen.

Wie alles dann gekommen ist, wissen wir, viele haben es leidvoll erfahren. Und er ist nachdenklich geworden und sucht und findet aber die Bilder seiner Erinnerung. Ich überlasse ihn seinen Gedanken. Er lächelt ein wenig, und dann er erzählt er mir doch noch die Geschichte von München-Gladbach:

„Wir sollten ein verlängertes Wochenende Urlaub in Deutschland bekommen. Es gab wieder einmal etwas zu feiern, Erfolge, die Einrichtung der Marinestützpunkte für die Seekriegsführung gegen Großbritannien und der Abschluss der Einrichtung der Häfen für die Verschiffung und Transport des für die deutsche Rüstung unentbehrlichen Erzes aus dem neutralen Schweden, so die Verlautbarung. Wir hörten es, und werteten es aber nur positiv für Deutschland.

Wir einfachen Soldaten kamen als Letzte dran bei der Ausgabe der Urlaubsscheine, aber hier empfand man jetzt das Warten nicht mehr als lang. Ich wurde aufgerufen, eine laute Stimme traf mich, als ich noch nicht ganz die Position vor dem Schreibtisch eingenommen hatte. Es war schon spät geworden an diesem Nachmittag, und trotzdem hatte man stramm zu stehen, nicht nur weil heute Hauptmann G. die Urlaubsscheine überreichte – das war wirklich ein wichtiger Tag – und es kommt die übliche Frage: ‚Soldat H., wo geht's hin in Deutschland?', er hätte das auf meiner Karte sehen können, Drill eben, weiß ich, und ich will es heute gar nicht wissen. Nichts wie heim. ‚Nach München-Gladbach, Herr Hauptmann', und ich weiß noch, als wäre es gestern gewesen, das München

Holz besorgen, der Winter kann kalt werden

kam etwas betonter über die Lippen, Gladbach etwas leiser. ‚Schöne Stadt, schöne Berge im Hinterland.' Und ich höre mich noch sagen: ‚Jawoll, Herr Hauptmann' und er sagt, ‚lange Reise wie, dann gibt's mal zur Feier des Tages drei Tage obendrauf'. Der Bürobulle schrieb eine Sieben bei ‚Anzahl der Tage', dann klatschte auch schon der runde Stempel auf das Papier. ‚Jawoll, danke Herr Hauptmann', und habe einen Urlaubszettel in der Hand mit einer Woche München.

Ich brauche wohl nicht zu erzählen, was geschehen war. Mein Fall war zwar nicht der Anlass, aber später wurde unsere Stadt in Mönchen-Gladbach und noch später in eine zusammenhängende Schreibweise umbenannt, weil es oft mit der bayerischen Landeshauptstadt verwechselt wurde."

„Und heute", erzählt H., „wenn ich so durch Mönchengladbach spaziere, mit meinen 88, durch den ‚Bunten Garten' oder in Rheydt durch den ‚Schmölderpark', dann stelle ich mir vor, wie schön es wäre, wenn weit im Hintergrund auch noch Berge wären."

Rheydt erobert eine Straße: „Der Grenzlandring"

Die fröhliche, sportliche, aber am Ende traurige Geschichte einer Rennstrecke

Es hört sich an wie ein Märchen, was die Menschen in der Region Mönchengladbach, Rheydt und Wegberg über die Zeit nach dem Zweiten Weltkrieg über den Grenzlandring und seine Entdeckung erzählen und über das, wie es weiterging, ist auch so einiges nicht gesichert. Aber damals sprach man von der Stunde Null, und die lag noch nicht allzu lange zurück; und hatte genug damit zu tun, die eigene Existenz zu sichern und aufzubauen, als die Dinge aufzuschreiben, die gerade geschehen waren. Und es geschah so viel in jenen Jahren der Nachkriegszeit, dass man den Kopf mit anderen Dingen voll hatte, so sagte es ein Anwohner, der nicht nur den Zweiten Weltkrieg, aber hoffentlich den letzten erlebt hat. Und so war es durch Zufall, durch stutzig werden, Nachdenken und Beharrlichkeit möglich geworden, dass Rheydter Bürger, eine Straße entdeckten und sie für sich und ihre sportlichen Ideen in Beschlag nahmen.

Die Frage ist, kann man eigentlich etwas entdecken, was es bereits gibt und was Menschen geschaffen haben, wie so eine große Ringstraße, wie den Grenzlandring. Ja, sagen die Leute der Region, früher war das so, alles war anders, und manche sagen, besser sowieso, trotz der schlechten Zeiten. Und man meint damit den Zusammenhalt der Menschen untereinander, und das zeigt auch der Anfang unserer Geschichte. Aber wie es auch immer gewesen sein mag, wenn viele Menschen im Laufe der Zeit eine Begebenheit erzählen, sie verändert sich, wie die Märchen aus Urgroßmutters Zeiten. Bevor die Geschichte vollends zur Legende wird, einen Mythos hat sie ja schon – habe ich sie aufgeschrieben und eine Erzählung daraus gemacht Beim Erzählen der Zeitzeugen kamen immer wieder Leute da-

Der Grenzlandring während der Bauzeit

zu, ein Rennfahrer, ein Fabrikant, ein englischer Kommandant. Und der Bürgermeister war plötzlich zum Oberbürgermeister befördert worden, aber der gehörte auf jeden Fall zu diesem Kreis von Leuten, denn er machte die Entdeckung in einer eisigkalten Novembernacht des Jahres 1947 zu einem kleinen Wunder, Wunder, die die Menschen manchmal brauchen, damals, nach 1945 besonders, damit alles weitergeht und die Zeit auch in den Gefühlen nicht stehen bleibt. Es wurden auch andere Dinge hinzu erzählt oder weggelassen, Tiere erschienen auf der Bühne, aus Fußgängern wurden Radfahrer, später mit Hut und Bart, und am Ende bekam die Geschichte durch einen engagierten Erzähler eine ungewollte Heiterkeit. Und heute ist die Geschichte keine Legende, mehr schon eine Entdeckungs-Saga, die in ihrem Urgehalt sowohl eine Wahrheit hat, aber auch ein Tatsachenbericht ist für die rennsportinteressierten Zeitgenossen.

Es war also ein eisiger Novemberabend des Jahres 1947, als spät in der Nacht der Bürgermeister der Stadt Rheydt (ab 1975 eingemeindet nach Mönchengladbach), Dr. Carl Marcus, mit seinem Hanomag Kurier, Baujahr 1933 –

Der Streckenverlauf

er saß in der Geschichte aber auch schon einmal auf einem Dienstfahrrad – von einer Dienstfahrt kommend, sich plötzlich auf einer Betonstraße befand, auf die er sich, wie schon viele Ortsunkundige zuvor, verirrt hatte. Gelächter bei den Zuhörern – ein Beamter arbeitet bis in die Nacht? – Hahaha. – Als der Erzähler das Wort Dienstfahrt in lang gestrecktem leiser werdendem Tonfall wiederholt, als wolle er sich entschuldigen, klingt das schon wieder recht offiziell.

Jedenfalls merkte der Fahrer, dass er sich auf einem Rundkurs befand, als er wahlweise – die gleiche Radfahrerin, den gleichen Radfahrer mit Hut und Spitzbart, die gleiche Kuh auf der Weide, zum zweiten oder dritten Mal erblickte. Manchmal erscheint in der Geschichte als Protagonist auch der Rheydter Fabrikant und Rennfahrer Emil, genannt „Teddy" Vorster in der Entdeckerrolle, so in der Ausgabe Nr. 8 des „Renn-Kurier" aus dem Jahre 1950. Manfred Stark, der ehemalige Vorsitzende des „RCM – Rheydter Club für Motorsport" erzählt wiederum den Anfang der Geschichte so:

Dr. Marcus, „Teddy" Vorster – wir kennen die beiden schon – der Fabrikant Friedrich Dilthey und ein englischer Kommandant der Besatzungsmächte, fuhren nach einem feuchtfröhlichen Treffen in Richtung Rheydt, als sie einen

Werbung für das erste Grenzlandring-Rennen

Grenzlandring-Rennen 1949
„Preis von Deutschland"

Tribünenplatz-Karte

Block G   № 006073

Anfahrt zur Tribüne über Erkelenz-Uevekoven.
Parkplatzgruppe F

Vorverkauf DM 10.-   Tageskarte DM 12.-
Karte aufbewahren, auf Verlangen vorzeigen.

Tribünenplatz-Karte

Mann mit Bart zum zweiten Male sahen und vermuteten, dass sie sich auf einem Rundkurs befanden. Sie hielten an und unterhielten sich mit dem Mann, der sich auskannte und ihnen erzählte, dass sie auf dem sogenannten Wegberger Ring waren, der in den Jahren 1938 bis 1939 um die Stadt Wegberg gebaut wurde. Die Straße ist 9 Kilometer – genau 9005,20 Meter – lang und 6,80 Meter breit, sagt er nicht ohne Heimatstolz.

Während der Bauzeit war alles sehr geheim, soweit man überhaupt ein Geheimnis aus dem Bau einer Straße machen kann. Man baute für damalige Verhältnisse mit riesigen und modernsten Maschinen, aber die Baustelle wurde gegen die Bürger abgeschottet, was diese munkeln ließ, die Straße würde wohl aus militärstrategischen Überlegungen heraus gebaut. Aber warum baut eine Privatfirma aus Köln diese Strecke und nicht die Organisation Todt, die militärisch organisierte Bautruppe der Nazis. Mehr fragte und sagte man aber auch nicht, denn in der NS-Zeit wusste man ja nie, wer wessen „Freund" oder „Feind" war, wer mithörte und wer was weitertrug und einen bei den Nazis denunzierte. Hier auf dem Land wusste man sich ‚einzurichten' mit dem Dritten Reich und man machte keinen Hehl daraus, dass man nicht zu den Widerständlern und den Märtyrern dieser Zeit gehörte. Nur ganz wenige hatten diesen Mut, wollen aber auch heute noch nicht hervorgehoben werden.

Politische Prominenz bei der Eröffnung 1948: Karl Arnold, damaliger Ministerpräsident von NRW

Geheimnisvoll war die Baustelle, wenn nachts beim Scheinwerferlicht die Arbeiten an der Betonbahn vorangetrieben wurden. Die kleinen schwarzen Dieselloks mit den farbigen Kipploren auf den langen Schienenstrecken waren bei der Wegberger Dorfjugend sehr beliebt. Sie boten sich zur Heimfahrt nach den Tanzfesten an und waren im Übrigen ein wahrer Abenteuerspielplatz. Die Kinder machten „Spazierfahrten" mit den Kippwägelchen. Dazu schleppte man eine Lore von der Baugrube am „Beecker Sportplatz" auf eine Anhöhe an der Bahnüberführung, um unter lauten blechernen Schienengeräuschen mit der Lore in die Tiefe zu sausen, was nicht ungefährlich war, gab es doch keine Bremsen, und entgleisen konnte das Schienenfahrzeug auch. Wichtiger war es aber, sich von den Wachleuten der Baustelle nicht erwischen zu lassen, denn dann endete der Spuk bei der Polizei, und die war unbarmherzig. Es war wohl die Unbefangenheit und der Leichtsinn jeder Jugend, die etwas wagte, was auch heute als Landfriedensbruch oder Sachbeschädigung geahndet würde. „Der Krieg muss den Krieg ernähren", eine Philosophie, die gerade in schlechten Zeiten eine besondere Bedeutung hatte, denn auf der Baustelle fand man so einiges, was man gebrauchen konnte. Und wie die Baustelle eine technikbegeisterte Jugend „nährte", davon erzählen die heute um die 80-Jährigen noch gerne und ausgiebig, „so dass wir oft in Gefahr waren, von unserer Entdeckungsreise abgelenkt zu werden".

Die Geschichte ging nach der „Entdeckung" des Rundkurses weiter. Oberbürgermeister(!) Dr. Marcus passt nicht in das damalige Bild, das man sich von einem Kommunalbeamten in dieser Position machte: „Ein Mann mit leicht gebeugten Schultern und erdrückt von der Last der Verantwortung."

Ganz anders Marcus: Jung (36), dynamisch, sportbegeistert, hatte in Oxford studiert und so manches Ruderblatt durch die Fluten der Themse gezogen. Er war es auch, der den Rennfahrer „Teddy" Vorster (1910–1976) informierte, der gerade auf einem MG-Rennsportwagen Deutscher Straßenmeister geworden war. Und der war begeistert von der Idee, auf diesem „Grenzlandring", wie sie ihn tauften, Autorennen zu fahren. Dabei hatte man erst noch mit den vielen Vorschriften, auch jenen der englischen Besatzer, fertig zu werden. Aber Beziehungen waren schon damals alles, und bekanntlich lässt die Begeisterung Flügel wachsen. Auf der Gründungsversammlung des Rheydter Clubs RCM stellte Dr. Marcus für alle Außenstehenden überraschend einen Straßenkomplex um die Orte Beeck und Wegberg als neue Rennstrecke vor.

Die Fachwelt reagierte prompt: Bereits am 22. März 1948 trafen sich die Verantwortlichen des deutschen Rennsports im „Wegberger Hof" zu ihren Überlegungen eines neuen Rennsports unter der Einbeziehung des Rennbetriebs auf dem „Grenzlandring". Bereits die ersten Probefahrten hatten gezeigt, welche Möglichkeiten die Strecke bot, die nach der späteren Restaurierung in einem hervorragenden Zustand war.

Stromlinienförmig

Das Programmheft zum 1. Grenzlandring-Rennwochenende informiert dann auch:

„Alfred Neubauer und Hermann Lang, die „alten Füchse" aus dem Mercedes-Stall meinten, rund 250 km Stundendurchschnitt würden ihre Rennwagen auf dem griffigen Betonstreifen fahren. Es wurde die Empfehlung ausgegeben, man solle den Grenzlandring gegen den Uhrzeigerlauf befahren, weil im Streckenverlauf eine Brücke über eine Schienenanlage zu befahren ist, die in der anderen Richtung für die Rennfahrer zuviel Schwung gibt und die Ausfahrtstrecke dort nicht so lang ist. Soweit die Fachleute, die es wissen mussten.

Bei allem Optimismus lag die Wahrheit dann auch zwischen den Meinungen, man erreichte dann schließlich Geschwindigkeiten von rund 210 km/h, wodurch der Grenzlandring zu einer der schnellsten Rennstrecken der Welt wurde. Den gleichen Superlativ hatte sie als längste Flachrennstrecke. Nach dem Ausfall der Berliner Avus-Rennstrecke bekam der „Ring", wie man ihn in Kurzform liebevoll nannte, eine besondere Bedeutung, da er im Winter schneefrei war und auch als Trainingsbahn für internationale Rennen benutzt werden konnte.

Aber es gab keine überhöhten Kurven, und oft nur Autos, die aus Teilen früherer Rennwagen zusammengebaut waren. Aber es gab jede Menge von der Begeisterung. Wer sich die Streckenführung des Grenzlandrings ansieht, dem fallen unwillkürlich so abgeänderte Schlagworte ein wie von den „tollkühnen Männern in ihren schnaubenden Kisten".

Die Nachrichten von oft übertriebenen möglichen Geschwindigkeiten zeigten, welche Erwartungen alle Welt an die neue Rennstrecke stellte. Und hier erkannte man die ersten Versuche des „Wir sind wieder wer", die nach der gewonnenen Fußballweltmeisterschaft im Jahre 1954 ihren Höhepunkt erreichen sollte.

Die Aktivitäten waren vielfältig. Nicht nur, dass man eine Rennstrecke populär machen wollte, sondern auch Mercedes-Benz überlegte, den Ring als Teststrecke für ihre Serienfahrzeuge zu nutzen, und die NSU-Werke planten, die Betonpiste ab April 1949 zur Teststrecke für neue Weltrekordfahrten zu machen. Aber es sollte anders kommen, wie sich später zeigte.

Es herrschte eine reine Aufbruchstimmung, und man sprach hinter vorgehaltener Hand von einer „Goldgräberzeit", denn die Politiker spürten, dass die Region durch den Rennsport zu einem wichtigen Wirtschaftsfaktor werden und überregional bekannt werden könnte Es gab allerdings noch ein Hindernis. Das Geld war nichts mehr wert, und man hatte kein Vertrauen bei Angebot und Nachfrage, es gab keine Investoren, und die Visionen waren durch die Kriegsereignisse in den Köpfen der Menschen ausgelöscht worden, was sich erst durch die Währungsreform am 20./21. Juni 1948 änderte. Bei der Geldumstellung bekam jeder 40 und einen Monat später noch einmal 20 Deutsche Mark als „Startkapital", die D-Mark (DM) war geboren. Da das erste Rennen am 19. September 1948 stattfand, kamen die Zuschauer mit der „frischen"

Silberpfeil am Start

und wertvollen Währung und wollten etwas erleben. Es waren ihrer an die 250 000, die die Organisation aus allen Fugen sprengte und große Probleme machte: Anfangsschwierigkeiten aufgrund einer nicht erwarteten Euphorie, man wollte sich ausleben, wie es später bei Großveranstaltungen selbstverständlich werden sollte. Mit mehr als 100 000 Zuschauern hatte man nicht gerechnet; wie hätte man es auch ahnen sollen, einen solchen Menschenauflauf.

So manche Familie in Wegberg und Beeck hat ihre Couch für die Nacht vermietet. Ein Schlafplatz, Bett oder Sofa, kostete drei Deutsche Mark, was damals nicht wenig war. Bei einem Lohn von 75 Pfennig waren das immerhin vier Stundenlöhne.

Der bekannteste Sieger an diesem Tage war Wilhelm Herz auf seiner 350 ccm NSU, der zu den großen Weltrekordfahrern in Deutschland gehört. Und unser alter Bekannter aus der Geschichte, Emil „Teddy" Vorster, Rheydt, trug sich auch in die Siegerliste des Tages ein mit seinem AFM Sportwagen in der Klasse bis 1100 ccm, 2. Müller, Velpke, VW, 3. Henning, Braunschweig, VW. Ein rund herum erfolgreicher Renntag mit Auto-, Motorrad- und Seitenwagenrennen. Die Zeitungen waren in ihren Schlagzeilen voll des Lobes. Ein Zeitzeuge berichtet, man habe die Eintrittsgelder mit der Schubkarre ins Rathaus fahren müssen, wo Angestellte der Wegberger Sparkasse sie zählten. Ein anderer mutmaßte nicht zu Unrecht, dass da so manches Geldstück wohl von der Schubkarre „gefallen" ist.

Es war eine Aufbruchstimmung.
Das dritte Grenzlandring-Rennwochenende im Jahre 1950 wurde dann vom Todesfall des Rennfahrers Karl Gomann überschattet, der in der Formel II startete und in der als gefährlich geltenden „Beecker Kurve" von einer Windboe erfasst worden war. Und die Fahrbahn war vom Regen „spiegelglatt", wie die Chronisten berichten.

Inzwischen waren einige Fahrzeugklassen hinzugekommen, sodass wir einen weiteren Bekannten unserer Geschichte in der Siegerliste finden: Friedrich Dilthey, der Fabrikant aus Rheydt in der Formel-III-Klasse bis 500 ccm auf seinem „Condor"-Rennwagen vor zwei Fahrern aus Recklinghausen auf „Scampola". Fahrzeugnamen, die man heute nicht mehr kennt, einerseits weil es sich um Fahrzeugkonstruktionen aus Teilen anderer Fahrzeuge handelte, sehr oft aus Vorkriegs-BMW-Modellen, oder es waren reine Eigenbauten, denn der Krieg hatte die Rennsportler gelehrt, die gute Technik zu verwerten.

Der Grenzlandring war beliebt, es kamen nicht nur die Zuschauer, sondern auch die bekannten Fahrer wie Huschke von Hanstein, der spätere Porsche-Rennleiter, Toni Ulmen aus Düsseldorf und auch Karl Kling, der spätere Formel-I-Fahrer, der 1950 siegte.

Die Starterliste in den fünf Jahren des Renngeschehens von 1948 bis 1952 liest sich wie ein „Who is who" des Deutschen Motor-Rennsports. Manfred von Brauchitsch, Hans Stuck, Georg „Schorsch" Meier, Walter Zeller und Werner Haas, Stirling Moss, alle kamen sie und waren vom Grenzlandring begeistert.

Aber unsere Geschichte hat, wie schon angedeutet, kein Happy End. Zum fünften Renntag-Wochenende am

Mit Spitze 210 über den Grenzlandring

31. August 1952 waren etwa 200 000 Zuschauer nach Wegberg gekommen.

In einer späteren Artikelserie der Westdeutschen Zeitung heißt es u. a. kritisch: „... Leider waren auch nicht die Vorkehrungen getroffen, wie man sie beispielsweise am ‚Nürburgring' findet. Die Zuschauer standen nicht auf Erdwällen an der Strecke, sondern mit der Betonbahn auf gleicher Höhe [...]. Sie waren lediglich durch den Rasenstreifen und den Radweg von der eigentlichen ‚Piste' getrennt. Selbstverständlich wurden dabei Absperrmaßnahmen getroffen. Die Rennleitung ließ Drahtzäune aufstellen und an besonderen Gefahrenpunkten, wie an den Außenseiten der Kurven, auch Strohballen anhäufen. Am 28. August 1952 war die Rennstrecke polizeilich abgenommen worden. [...]."

Und so begann der Renntag des 31. August 1952 ohne Störung. Die Rennen der Motorräder und leichten Wagenklassen waren schon gelaufen. Auch das Formel-III-Rennen verlief störungsfrei, in dem John Cooper (1923–2000), der spätere legendäre Konstrukteur der Cooper Rennwa-

41

gen, Sieger wurde, während sein Vertragsfahrer Stirling Moss (1929–), von dem man heute sagt, er sei der beste Formel I-Rennfahrer, der nie Weltmeister geworden ist, Dritter geworden war.

Die zufriedene Stimmung der Motorsport-Fans stieg zum Hauptereignis um 14:50 Uhr noch einmal an, denn unter den 21 Startern waren Spitzenfahrer wie Toni Ulmen (1906–1976) aus Düsseldorf auf einem Veritas-RS-BMW. Wie hieß es in der Ausschreibung zum Hauptereignis: „Rennen VII: Formel-II-Rennwagen bis 2000 ccm Hubraum", und das hieß für die Kenner, es würden Geschwindigkeiten von über 200 km/h gefahren, was ein spannender Leistungsvergleich zu werden versprach.

Der Start verlief normal mit dem üblichen Drängeln der vor Kraft strotzenden Fahrzeuge mit Kompressormotoren, deren Fahrer, wie immer, eine gute Ausgangsposition für die Einfahrt in die erste Kurve suchten. Auch die Nr. 124, der Münchener Helmut Niedermayr war mit seinem AFM 50 (M7)-BMW am Start. Er hatte erst vor vier Wochen sein Formel-I-Debüt beim Großen Preis von Deutschland mit einem 9. Platz gegeben und auch Erfahrung aus einem 24-Stunden-Rennen in Le Mans mit dem 2. Platz.

Kurz vor Ende der ersten Runde, Niedermayr (1915–1985) lag auf einem guten 4. Platz, als sein Fahrzeug kurz hinter der „Friedhofsbrücke" unerwartet nach links zur Innenseite der „Roermonder Kurve" ausbrach und mit rund 200 Stundenkilometern Geschwindigkeit in die Menschenmenge raste. Er pflügte eine blutige Schneise aus Toten und Verletzten in die dicht stehenden Zuschauer. Deren Schreie vor Schmerz, Grauen und der Not, noch schnell dem Gedränge aus Menschenleibern und dem fliegenden Fahrzeuggeschoss zu entkommen, ging im Gedröhne der schnell auf der Rennstrecke dahinjagenden Boliden unter. Später zählte die Bilanz 13 Tote, über 40 Verletzte, davon 31 Schwerverletzte. Wie Sachverständige später sagen, war der Absperrdraht die Ursache für

Nach dem Unfall: 13 Tote

zahlreiche schwere Verletzungen an Kopf und Gliedern und Todesfolgen. Trotzdem wurde das Rennen nicht abgebrochen, „weil man keine Panik während der Hilfsmaßnahmen erzeugen wollte", wie es offiziell am nächsten Tag gegenüber der Presse hieß. Neben der Katastrophe gab es denn auch nach der Frage, wie schnell doch aus frohen Menschen dramatische Schicksale werden können, einen Sieger des Rennens: Toni Ulmen.

Hier endet dann auch die Geschichte, die so hoffnungsvoll, feuchtfröhlich und rätselhaft spannend begonnen hat, denn es haben später auf dem Grenzlandring nie mehr große Motorsportwettbewerbe stattgefunden. Ich hätte sie gerne abschlossen mit der Schilderung eines Hupkonzertes, der Begeisterung von Menschen für den Motorsport oder mit dem Beschreiben, wie es sich anhört, wenn aus geschürzten Kinderlippen das nachempfundene Geräusch von Rennmotoren tönt, aber das ist leider nicht das versöhnliche Ende dieser Geschichte. Was sich hinter den Kulissen abspielte, um die Ursache des Unfalls, die Rechtslage und die damit zusammenhängenden Schadenersatzansprüchen zu klären, die Zurückhaltung und Verzögerung der Zahlungen durch Versicherungen und die verbleibenden Schäden der Opfer und deren Angehörigen, das ist etwas, was man nur schwerlich beschreiben kann, ohne eine Wut auf jene zu bekommen, die das Geld der Menschen reichlich genommen haben, sich aber in den entscheidenden Augenblicken ihrer Verantwortung entzogen.

Was die Niers uns flüstert

Östlich und westlich vom Kuhstall

Unsere Großmutter väterlicherseits sagte eines Tages unvermittelt: „Die Niers entspringt im Kuhstall." So etwas sagte sie immer ins Blaue hinein, wenn sie die Aufmerksamkeit von uns Kindern haben wollte, um uns etwas zu erzählen. Und keiner stellte eine Frage nach dem Kuhstall, wo ein Fluss entspringen soll, denn alle überlegten und stellten sich einen mistdampfenden Kuhstall mit schwarzweißen, braunweißen Tieren – Kakaokühe sagte Vater zu den braunen – und schmatzenden Kühen vor, der für ‚Kinder vom Lande' eine Selbstverständlichkeit war. Dazwischen ein frisch sprudelndes Wasser, das schien uns doch so seltsam, dass wir sprachlos waren und lieber warteten, ob da nicht noch mehr käme, was unsere Fragen vielleicht beantwortete. Oma beobachtete uns, sie sah uns sozusagen beim Denken zu. Und dann sagte sie tatsächlich noch etwas, ganz laut und deutlich, wie es ihre trotzdem liebevolle Art war, indem sie es anders formulierte oder einen weiteren Ort hinzufügte, uns damit aber nur ein weiteres Mal ein Rätsel aufgab, wie, „Die Niers entspringt im Kuhstall in Kuckum". Es herrschte absolute Stille, man konnte einen Strohhalm fallen hören. Ich glaubte, und heute weiß ich es, Großmutter genoss diese Augenblicke der Ruhe, und diese Zeiträume wurden immer länger, je mehr sie uns erzählte. Wenn sie diese Stille nicht mit zwei Sätzen erreichte, dann rief sie mit klarer, heller Stimme: „Jetzt ist aber Ruhe im Karton!" Auch diese Worte wussten wir genauso wenig zu deuten, und so sprach Oma oft in Rätseln, sodass man ihr gut zuhören musste, um die Lösung mitzubekommen. So schuf sie in unseren Köpfen, Arenen, Tummelplätze und Bühnen mit den vielfältigsten Akteuren, in und auf denen unsere Fantasie entbrannte, und sie uns das Leben lehrte.

Großmutter zwischen ihrer Enkelschar

Wir Kinder, meine große Schwester, die Cousinen und Vettern, Kinder von den vier Brüdern und einer Schwester meines Vaters, hatten sich inzwischen um Oma versammelt. Und nur zum gemeinsamen Foto wurden wir zehn vom Fotografen zurechtgestellt – Oma wie der Hahn im Korb in der Mitte – denn damals galt noch, dass man sich nicht, oder zumindest nicht schnell bewegen sollte. Das war zwar nicht so streng gemeint wie in den Anfangszeiten der Fotografie, aber man wollte sich später ja auf den kleinen 6 x 6 cm großen Schwarzweiß-Fotos erkennen und nicht ‚verwackelt‘ sein.

Der Kreis der verwandten Kinder auf den Bildern sollte später noch viel größer werden, denn ein Onkel, mein Patenonkel, hatte insgesamt zwölf Sprösslinge. Ich hörte einmal meinen Vater zu meiner Mutter etwas über christliche Grundsätze seines Bruders sagen, was ich damals noch nicht verstand, mir aber immer im Ohr geblieben ist. Aber auch mit den Kindern jetzt, die um Omas Rockschöße saßen, konnte man, stellte man sie nebeneinander, eine Orgeloktav darstellen. Von zwei bis zehn

Jahre alt waren wir, und Vater hatte recht, wenn er von uns als Orgelpfeifen sprach.

Hatte Großmutter uns bisher immer nur mit ihren Schlagworten oder kurzen Sätzen neugierig gemacht, so erzählte sie uns eines Tages so viel über die Niers, dass sich das Geheimnis um den Kuhstall lüftete und auch das bis dahin für uns merkwürdige Wort ‚Kuckum‘ bekam im Zusammenhang ihres Erzählens eine Bedeutung, und wir alle hingen gespannt an Omas Lippen. So sagte sie, dass wir an diesem Fluss leben, ein kleiner Fluss am linken Niederrhein, klein im Verhältnis zu den großen Flüssen wie Mosel und Main. Und ‚linker Niederrhein‘, so heiße das enger gefasste Gebiet, wo wir hier in Mönchengladbach, Rheydt, Wickrath, Rheindahlen, Neuwerk, Hardt, Odenkirchen und den anderen Stadtteilen und Vororten wohnen. Und weiter erzählte sie, dass der Fluss über 100 Kilometer lang sei. Da wir uns die Größe der Zahl nicht vorstellen konnten, war es egal, dass es tatsächlich etwa 104 km und in den Niederlanden noch einmal 13 km sind. Die Hauptsache war, dass Oma es in ihrer typischen Art erzählte, mit dem Heben und Senken der Stimme, mit Handzeichen und Hindeuten, das ihr Reden so geheimnisvoll machte und man glaubte, im nächsten Satz käme der große Unbekannte um die Ecke. Wie habe ich mir später, als die Großmutter schon lange tot war, in der Schule gewünscht, sie säße vor der großen Landkarte und würde uns die ganze Welt erklären, und ich hörte sie sagen: „Östlich ist, wenn wir vor der Landkarte stehen, wo der Arm rechts hängt.“ Sie erklärte uns auch so Worte wie ‚parallel‘ und ‚eventuell‘, die in unserem Wortschatz der frühen Jahre noch nicht vorhanden waren. Denn parallel fließt die Niers zu Maas und Rhein auf der östlichen Seite der deutsch-niederländischen Grenze, wo sie sich in Goch nach Westen wendet, – „westlich ist, wenn wir vor der Landkarte stehen, wo der Arm links hängt“, hat Oma gesagt, „damit mir das keiner mehr im ganzen Leben vergisst“, um bei Gennep jenseits der niederländischen Grenze in die Maas zu münden.

Die flüsternde Niers

Das Wort ‚niederländisch' sagte sie aber nie, „das steht nur in den Büchern", bemerkt sie, „denn wir sagen hier am Niederrhein immer Holland, obwohl Holland nur eine Provinz ist, wir aber meinen das ganze Land damit, und dabei bleibt es".

Und dann erzählt sie von dem bis zu 500 Meter breiten Tal, in dem die Niers verläuft, und meint, das sei so breit wie die Strecke vom ‚Hauptbahnhof' bis zum ‚Alter Markt' in Mönchengladbach. Sie ist diese Strecke über die Hindenburgstraße mit den ‚beiden Großen', wie sie die beiden zehnjährigen Cousinen Gerda und Annamarie nennt, hochgelaufen und wieder zurück. Die waren ganz schön geschafft, aber Großmutter muss ebenfalls ziemlich fußlahm gewesen sein.

Einmal fallen die Worte der ‚vorletzten Eiszeit vor 200 000 Jahren'. Als sie uns diese Zahl erklären will, merkt sie, dass sie sich die Anzahl an Jahren selber nicht vorstellen kann, und so spricht sie von ‚vor langer Zeit', was für uns geheimnisvoll und märchenhaft zugleich klingt.

Von Mühlen ist die Rede, von Herrenhäusern, von Nebenflüssen und Kanälen, Bauern, Pflanzen, Erholung und Trinkwasser für Mensch und Tier, bevor wir zur Grenze kommen, und die Niers in ‚Holland' mündet. Dann sagt sie uns noch, dass ein erwachsener Mensch doppelt so schnell spaziert, wie der Fluss normalerweise fließt. „Auch Ihr werdet bald erwachsen sein, schneller als es Euren Eltern lieb ist"; das sagt sie so, als ob wir dann erst wüssten, wie schnell sich die Niers ihren Weg bahnt.

Damit es der Niers aber auch gut geht und es ihr an nichts fehle, gibt es seit dem Jahre 1927 einen „Niersverband", weiß Großmutter, der sich für alle Orte, die an der Niers liegen, um sein Wohl und Wehe kümmert. Das hört sich an, als sei die Niers ein Kind, für das man sich zu sorgen habe. Aber falsch ist so ein Vergleich wohl nicht, wenn ich heute darüber nachdenke.

Am Ende ihrer Erzählung wissen wir dann, was es mit ‚Kuckum' und ‚Kuhstall' auf sich hat. Also: Das Quellgebiet der Niers liegt in der kleinen Gemeinde Kuckum. Am Platz der ehemaligen Scheune eines Bauernhofes gibt das Gewässer sein erstes Lebenszeichen, das liegt östlich der Stadt Erkelenz, und Oma fasst sich, ohne darauf näher einzugehen, an den rechten Arm, als sie das Wort ‚östlich' über die Lippen bringt.

Wenn man etwas verloren hat, weiß man es besonders zu schätzen und ist traurig. Einige Jahre später ist die brave und fromme Frau, die nicht nur in unseren strahlenden Kinderaugen als ein Mensch mit Weisheit galt, verstorben. Wie gut, dass wir damals schon älter waren, als sie von uns ging, und nicht unsere Kinderherzen den Verlust ertragen mussten.

Jetzt, da ich diese Geschichte aufschreibe, weiß ich mehr über die Niers. Ganz allein bin ich nach Kuckum gefahren, um die Quelle und den Kuhstall zu finden. Beides existiert nicht mehr, die Quelle liegt trocken und der Kuhstall steht schon lange nicht mehr, wenn er überhaupt jemals bestanden hat. Der Braunkohlenabbau hat

Die Quelle der Niers

den Grundwasserspiegel gesenkt und so pumpt die Rheinische Braunkohlen AG. zu einer ca. drei Kilometer entfernt gelegenen Auffangstelle, und hat so eine neue Quelle des technischen Zeitalters geschaffen.

Ich stehe an der alten Quelle der Niers – es ist still, nur die Vögel zwitschern friedlich. Ich wende unwillkürlich meinen Blick zum blauen, scheinbar offenen Himmel und merke, dass ich meine Hände gefaltet habe und damit demütig die Nasenspitze berühre, da es mir gerade hier ein Bedürfnis ist: „Danke Großmutter, dass du uns das Leben und die Liebe zu unserer Heimat und dem kleinen Fluss gelehrt hast."

Der Obus

Umweltschutz und das Ende seiner Dienstzeit in Rheydt

Die geringe Mobilität der Straßenbahn war einer der Gründe dafür, dass die ehemals selbstständige Stadt Rheydt am 17. Mai 1952 den Oberleitungsbus (Obus) für einen Streckenabschnitt als öffentliches Verkehrsmittel einführte; später kamen andere Linien dazu. Am Sonntag, einen Tag später, begann der Linienverkehr auf der einspurigen Strecke Stadtwald nach Rheindahlen im 20-minütigen Zeitabstand und alle zehn Minuten vom Stadtwald nach Rheydt. Da sich mit der Einführung des neuen Verkehrsmittels auch die Tarife für Fahrscheine erhöhten, kam es zu lautstarken Protesten, wie oft, wenn man in die Taschen der Bürger greift. Die Begründung war auch damals Strom- und Materialpreis- sowie laufende Gehalts-

Der Obus

erhöhungen. Trotz allem wurde der Obus von der Bevölkerung lebhaft benutzt wie die Statistik nach einem halben Jahr meldete.

Liest man in einer Denkschrift aus dem Jahre 1972 die Gründe für die Anschaffung der Obus-Fahrzeuge, so ist es für die Bürger verwunderlich, dass das Verkehrssystem am 30. März 1972 um 14:00 Uhr offiziell als beendet erklärt wurde.

Die Denkschrift sagt u. a.

1. Der Entscheidung des Rates der Stadt Rheydt zur Einführung des Obusbetriebes im Jahre 1951 war richtig und erfolgreich.
2. Der Obus-Betrieb in Rheydt hat stets wirtschaftlich gearbeitet und hat seinen Zweck zum Wohl der Bürgerschaft voll erfüllt.
3. Der Obus war und ist das umweltfreundlichste Nahverkehrsmittel, das je über Rheydter Straßen gefahren ist. Es hat die Nasen und Ohren der Menschen geschont...
4. Hoffentlich denken Rheydt Bürger noch oft und gern an den Obus zurück, der ihnen in 21 Jahren als öffentliches Verkehrsmittel gedient hat und am 16. Juni 1973 aus dem Stadtbild verschwindet.

Der Obus hatte am Ende seiner Dienstzeit bei etwa 30 Millionen Wagenlaufkilometern, so die offizielle Bezeichnung, 121 Millionen Personen befördert und brachte rd. 38 Millionen DM Fahrgeld ein.

Ich erinnere mich noch gerne an meine Fahrten zur Schule mit dem Obus von Rheindahlen nach Rheydt (Marienplatz). Man stieg hinten über eine geschlossene Plattform ein und kam an dem Schaffner vorbei, der etwas erhöht mit Sicht zum Gang saß. Das Obusfahrzeug war für 90 Personen zugelassen, davon 32 Sitz- und 58 Stehplätze.

Nach der Beschreibung befand sich vor der Vorderachse und zwischen den Achsen eine jeweils 70 cm breite Falttür und hinter der Hinterachse eine Doppelfalttür mit

Innenansicht des Obus

einer lichten Breite von 130 cm. Der Anstrich der Straßenbahnen war immer ein helles Gelb gewesen, der Obusse war beige/olivgrün. Das Oberteil sowie der Unterbau waren olivgrün gespritzt, die Seitenwände beigefarben. In der Mitte der Fahrzeugseiten war ein Wappen der Stadt Rheydt mit dem Schriftzug „Stadtwerke Rheydt" angebracht. Das Innere der Fahrzeuge war solide und widerstandsfähig mit rostbraun überzogenen Kunstledersitzen

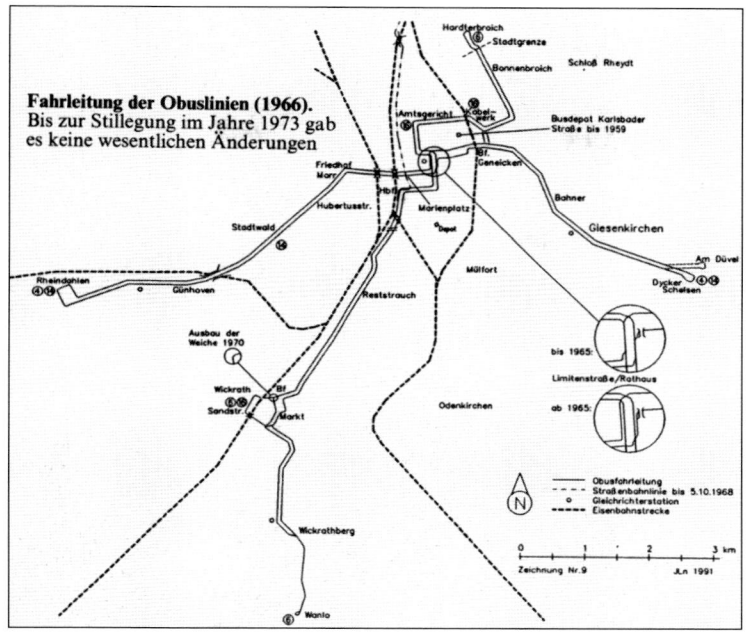

Streckenverlauf des Obus 1966

ausgestattet. Die Seitenvertäfelung bestand aus drei mm starken Sperrholztafeln mit einer kratzfesten Oberfläche. Die Innendecke hatte eine vier mm starke, lackierte Sperrholzverkleidung. Ferner bestimmten verchromte Stahlrohrgestänge das Bild des Fahrzeuginneren. Der Schaffnersitz mit Mikrofon für die Lautsprecheranlage, Zahltisch und Schalter für die Türbetätigung wurde an der hinteren Türe in erhöhter Position angebracht. Die ersten Fahrzeuge waren mit einem Motor mit 100 kW Stundenleistung ausgestattet. Die Fahrzeuge hatten zwei Stromabnehmer, die beispielsweise bei Stromausfall oder auf Strecken ohne Oberleitung von der Stromleitung abgezogen werden konnte. Dann konnte der Fahrer den 34 PS starken VW-Motor einschalten. Dieser Motor war für den Dauerbetrieb nicht geeignet, konnte aber in Notfällen die Mobilität erhalten.

Damals, zu Obuszeiten, habe ich es erlebt, was Rationalisierung heißt, als es eines Morgens hieß, und die Zeitungen hatten es auch geschrieben, „Bitte vorne beim Fahrer einsteigen, zahlen und die Fahrkarten vorzeigen". Man hatte den Arbeitsplatz des Schaffners eingespart. Wie man erfuhr, gab man dem Fahrer für die Mehrarbeit einen kleinen Zuschlag auf den Stundenlohn. Schon damals sprach man von einem sozialverträglichen Stellenabbau, im Übrigen würden aber die ‚weggefallenen' Schaffner wie die Formulierung hieß, anderweitig im Unternehmen Stadtwerke Rheydt eingesetzt.

Als ich dann täglich den Arbeitsplatz sah, in ‚erhöhter Position' so die Fahrzeugbeschreibung, war in mir mehr passiert, als dass die oft lustigen Schaffner nicht mehr da waren, mit denen man ulken und diskutieren konnte, und die uns oft einmal zur Ordnung rufen mussten, wenn es eine Rauferei auf der hinteren Plattform gab oder es zu laut wurde. Ich hatte zum ersten Mal in meinem Leben sichtbar miterlebt, wie Arbeitsplätze verschwanden, und ich stellte mir vor, wie Kosten eingespart wurden und die Kostenrechner am Jahresende mit geringeren Kosten und einem besseren Ergebnis in den Bilanzen gelobt wurden. Damals, Anfang der Siebzigerjahre, ist mir klar geworden, wo man nicht überall etwas für das Leben lernen kann. Und ich dachte an das Sprichwort aus dem Volksmund, nachdem eine Sache nicht so schlecht sein kann, als dass man sie nicht noch als schlechtes Beispiel verwenden kann.

Otto vom Krankenhaus

Kein Dampf, kein Sprit mehr

Es gibt in vielen Orten bestimmte Menschen, die entweder durch ihre Angewohnheiten oder auch durch Krankheiten auffällig sind. Solche Menschen haben oft eine liebenswerte Art, auf die am besten Kinder entsprechend reagieren. Obwohl man sagt, Kinder können grausam sein, alles war ganz anders bei „Otto vom Krankenhaus" in Rheindahlen. Wenn er durch den Ort zog, dann liefen die Kinder am Straßenrand auf seiner Höhe, wie sie es auch gerne bei Umzügen machen, das war ein gutes Zeichen.

Nur wenige kannten seinen Familiennamen, für alle hieß er Otto und da er für das Krankenhaus auf dem Südwall tätig war, nannte man ihn „Otto vom Krankenhaus". Allerdings kannte man im großen Rahmen die Hintergründe, warum er dort arbeitete. Die Eltern waren wohlhabend und hatten das eine Kind, und das litt an der angeborenen, unheilbaren Wahrnehmungs- und Informationsverarbeitungsstörung des Gehirns, als Autismus besser bekannt.

Seine Mutter gab Otto im Alter von etwa 20 Jahren zu den Ordensschwestern mit der Vereinbarung eines Erbteiles an den Orden, für den der junge Mann bis zu seinem Lebensende versorgt sein und leichte Arbeiten verrichten sollte.

Der Vater war im Krieg vermisst, die Mutter kränkelte seit der Nachkriegszeit, als die Männer aus der Gefangenschaft nach Hause

DEUTSCHES ERZEUGNIS

SCHUTZMARKE

Klever's

Rheinalter

38 Vol.-%

Wwe. H. J. Klever

LIKÖRFABRIK

Rheindahlen.

NAME UND ETIKETT GESETZL. GESCHÜTZT.

kamen, ihr Mann aber nicht dabei war. Die Kinder haben Otto mit einem Fisch verglichen, lieb und nett, aber so einen richtigen Kontakt zu bekommen, das ging aufgrund der Krankheit nicht. Zumindest konnte man nicht erkennen, ob er Gesichter oder Namen behielt oder die Menschen immer wieder erkannte. Man sah „Otto vom Krankenhaus" anständig gekleidet mit Jacket und Hose, sauberen Hemden und immer gepflegt.

Ottos große Stunde kam immer, wenn er seine Tour durch Rheindahlen machte, das kam einmal wöchentlich vor, dann fuhr er mit seinem Handkarren seine Stationen an, hatte Aufträge für die Schwestern zu erledigen und bekam von Bürgern, die ihn mochten und mit ihm umzugehen wussten, kleine Aufgaben, mal eine Nachricht zu überbringen, ein Päckchen zur Post zu bringen, immer erhielt er ein kleines Entgelt. Aber Otto verfügte in seiner einfachen Art über eine Bauernschläue. Wenn er mit seinem Gefährt an einer Wirtschaft vorbeikam, ging er hinein, und sagte, sein Wagen habe keinen Sprit mehr. Der Wirt wusste Bescheid und schenkte ihm einen weißen oder alten Korn ein, den von der Rheindahlener Brennerei Grass, den mit den 38 % – das ist der Doppelkorn – möge er am liebsten, sagte er, dann zog er weiter. Er übertrieb das nie, er fuhr zwei Wirtschaften ab, und so kam er im Abstand von zwei Monaten einmal zu jedem Wirt.

Wenn Otto mit seinem Karren um eine Ecke zog, streckte er schon weit vorher theatralisch den Arm aus, um in seine Richtung zu verweisen. Dann hielt er an einem Geschäft an, das Zigarren und Zigaretten verkaufte, denn er war leidenschaftlicher Zigarrenraucher. Er ging also in den Laden und sagte: „Mein Wagen hat keinen Dampf mehr". Dann bekam er eine Zigarre, ließ sich Feuer geben, steckte sie an, und ging auffällig paffend vor seinem Wagen her. Da es weniger dieser Geschäfte gab als Wirtschaften, hielt er auch hier nur alle zwei Monate an, das reichte ihm, denn neben der rauchenden Zigarre hatte man ihm noch eine zweite in seine äußere Brusttasche gesteckt.

Das Städtische Krankenhaus

Es war in der zweiten Hälfte der Sechzigerjahre, als man plötzlich ‚Otto vom Krankenhaus‘ nicht mehr im Stadtbild sah, man vermisste ihn förmlich, als es hieß, dass er verstorben sei, ohne lange krank gewesen zu sein. Da nur wenige sein Alter kannten, konnte man nur mutmaßen, dass er mit etwa 50 Jahren verstorben war. Die, die ihn kannten, ihn erlebt hatten, ihn mochten, die behaupteten, er sei ein Engel und vom Himmel geschickt gewesen. Das war gar nicht so falsch, denn ich habe Otto selbst in seinem irdischen Tun seit den 50er-Jahren beobachten können. Er war ein Original im besten Sinne des lateinischen Wortes „origo", der Ursprung.

Die Osterhasengrube

Erinnerung an ein Kindheitserlebnis

Der Schriftsteller Jean Paul hat gesagt: „Die Erinnerung ist das einzige Paradies aus dem wir nicht vertrieben werden können." Wie wahr wird dieser Satz, als mir neulich meine Frau eine Geschichte aus ihrer Kindheit in Mönchengladbach erzählt, die mich sehr anrührte, da ich die Stelle kenne, wo sie geschehen ist. Aber sie ist nur zum Teil wirklich geschehen, denn ein Teil hat sich unter dem Lockenschopf eines süßen kleinen Mädchens abgespielt.

Mit den vielen Märchen im Jahreskreis, mit denen der Großvater sie als Kind überraschte und ihre Fantasie angeregt hat, lebt sie heute, nach mehr als einem halben Jahrhundert, in einem wunderbaren Frieden, und dann sagt sie: „Der Glaube daran hat meinem kindlichen Gemüt nicht geschadet, im Gegenteil, es ist ein Teil der Erinnerung an einen liebevollen Menschen", der da ist, wo es einen Himmel gibt. Die ‚Osterhasengrube', wie der Großvater sie genannt hat, existiert immer noch, und darum wird das Erzählen feierlich, als wir uns an einem Sommersonnentag, bei einem Spaziergang, dem Ort nähern, und je mehr wir uns nähern, habe ich das Gefühl, dass das liebe, kleine Mädchen neben mir geht, und es erzählt in verschiedenen Stimmlagen. Wir sind der Zeit entrückt, und ich wundere mich nicht, wenn manchmal ein Autofahrer hupt, der einen anderen Weg sucht als den unsrigen.

Ich muss so vier Jahre alt gewesen sein, wir schreiben das Jahr 1957, erzählt es, als mein Großvater mir die Geschichte von der Osterhasengrube erzählt.

Opa und ich spazieren an der Grotherather Straße, von Voosen kommend, wo das Elternhaus meiner Mutter steht, in Richtung Viehstraße, und der Weg an einem kleinen Waldstück vorbeiführt. Hier bleibt Großvater stehen,

Der Blick in die
Osterhasengrube

deutet auf eine von Buschwerk gesäumte Mulde und erklärt mir langsam, gewichtig, wie die Statur des ganzen
Mannes, mit tiefem Tonfall und ernster Miene: „Ja, Ja, das
ist der Ort, an dem in jedem Jahr die fleißigen Osterhasen die Eier bunt bemalen, um sie anschließend bei lieben
Kindern im Garten oder Balkon zu verstecken." Er be-
tont das Wort ‚lieben‘ und ich bin beeindruckt, auch von
den Gesten seiner großen Hände, die seine Worte noch
unterstreichen, und ich bin stolz, dass ich jetzt weiß, wo
der farbenfrohe Reichtum zum Osterfest entsteht. An den
folgenden Tagen führt uns der Weg immer wieder an der
geheimnisvollen Grube vorbei, und jedes Mal hänge ich
zurück, ohne einen geregelten Vorwärtsschritt, von Opas
starker Hand gehalten, und blicke versonnen hinein in
den Wald und stelle mir vor, wie der Osterhase Korb um
Korb ungezählte Eier heranschleppt, um sie mit Pinsel
und Farbe in kleine bunte Kunstwerke zu verwandeln.
Und doch habe ich so meine Zweifel in mir aufgrund der
vielen Fragen. Alle Kinder, die ich kenne, suchen und finden am Osterfest bunte Eier. Das sind gut und gerne hundert Stück, stelle ich mir vor, diese Zahl fällt mir gera-

de so ein, ohne dass ich genau weiß, wie viel das ist, aber ich glaube, hundert ist viel, viele Male die Finger deiner Hände, hat Mutter einmal gesagt. Aber was war mit den Kindern, die ich nicht kenne, das müssen ja viele hundert sein, und die bekommen doch auch bestimmt Ostereier. Als ich Großvater danach frage, gerät er nur kurz in Verlegenheit. „Ja, weißt du, der Osterhase hat natürlich auch Gehilfen, junge Hasen, die seine Lehrlinge sind, die helfen ihm bei der Arbeit." Vor Erleichterung darüber, dass ihm die Ausrede eingefallen ist, schmückt er seine weiteren Erklärungen mit noch lebendigeren Schilderungen aus. Da wäre immer ein großes Hin und Her in der Grube da unten, ein Gedränge, und überall ständen in den Tagen vor dem Fest die Farbeimer herum, die Hasen hätten wahrlich alle Pfoten voll zu tun, um für alle Kinder der Stadt genügend viele bunte Eier in die Körbe zu bekommen. Vor lauter Eifer setzt er noch hinzu, dass nach der tagelang dauernden Malaktion hier in der Grube alles voller Farbkleckse sei, weil die Hasen bis zum Morgengrauen des Ostersonntags den Pinsel schwingen müssten, und keine Zeit zum Saubermachen hätten. Ich glaubte seinen Worten, und ich merke, wie sie sich tief in meine kindliche Fantasie einnisten, und darum frage ich auch nicht mehr weiter.

Zwei Jahre gehen ins Land. Mein Vetter Rudolf, der mit meiner Tante und meinem Onkel im Hause der Großeltern wohnt, und mir ein lieber Spielkamerad geworden ist, darf inzwischen mit Großvater und mir den Spaziergang machen. Rudolf ist vier und ich bin schon sechs Jahre alt. Da erzählt er auf der Landstraße wieder die Geschichte von der Ostereiproduktion in der Mulde am Waldrand. Rudolf hört aufmerksam zu, und ich sehe ihm seine Zweifel an. Aber er brachte den Großvater nicht mit bohrenden Fragen in Verlegenheit, oh nein, selbst ist der kleine Mann, Opa hatte die Rechnung ohne die Logik eines Vierjährigen gemacht, der nur glaubte was er sah. Er legte sich vor dem Fest mit mir auf die Lauer, um die Hasen bei ihrer Tätigkeit zu beobachten, das muss bestimmt spannend sein. Eine Enttäuschung aber bleibt uns nur dadurch erspart, dass der bekannte Pfiff vom Großvater, aus der Ferne des großelterlichen Hauses, uns vor Einbruch der Dunkelheit nach Hause ruft. Dann habe ich eine andere Idee! Warum die Hasen bei der Arbeit stören, vielleicht sogar aufschrecken, denke ich, und ich überzeuge Rudolf davon, dass es besser sei, wenn wir nach den Ostertagen noch einmal in die Grube schauen. Wir haben inzwischen eine Ahnung davon, dass die Geschichte des Großvaters ein Märchen sein könnte, höre ich doch in der Schule so einiges, denn ich bin im 1. Schuljahr der Volksschule an der Frankfurter Straße in Rheydt.

Aber dann geschieht etwas, dass das Gemüt unseres Kindseins und unseren Glauben an den Osterhasen noch für eine kurze Zeit stärkt. Als wir mit dem mutigen Gedanken, heute vielleicht die Wahrheit zu erfahren, zur Grube kommen und erst einen vorsichtigen Blick hineinwerfen, sind wir erstaunt von dem, was wir sehen.

Ja, es stimmt, was der Opa erzählt hat, die Osterhasen haben viel Arbeit gehabt und man kann sich vorstellen, wie viel Unruhe hier in den letzten Tagen geherrscht hat. Rudolf und ich haben gesehen, dass die Osterhasengrube ihren Namen zu Recht trägt.

Wie grausam aber kann die Welt sein, wenn aus dem Glauben eines Kindes, in dem so viel Zuversicht an das Menschliche steckt, eine Tatsache wird, die durch die Unzulänglichkeit eines Menschen verursacht wird.

Es war einige Wochen später, ich hatte schon gar nicht mehr an die Osterhasengrube gedacht, als ich wieder bei den Großeltern für ein Wochenende zu Besuch sein durfte. Wie immer war ich voller Freude, denn Opa und Oma erfüllten Rudolf und mir jeden Wunsch, und dass ich im Bett der Großmutter schlafen durfte, das war das Größte. „Verwöhne sie uns nicht", habe ich Papa einmal zu Großmutter sagen gehört. Wie sollte sich das ändern, wenn großelterliche Liebe im Spiel ist?

Wir spielten im Wohnzimmer, und die Großeltern sind damit beschäftigt, einen leckeren Eintopf vorzubereiten. Opa hat beim Eintopf immer ein Wort mitzureden, er hat so seine Vorstellung von dem, was alles unbedingt im Topf sein sollte, und das konnte für ihn nie zu viel sein.

Plötzlich höre ich, dass seine Stimme immer lauter wird, was uns aufmerksam macht. Die beiden haben sich doch noch nie gestritten, zumindest nicht, wenn wir bei ihnen waren? Ich hörte Großvater sagen: „Übrigens" – jetzt wusste ich, die laute Stimme konnte kein Streit sein, denn er beginnt immer einen Satz mit ‚übrigens', wenn er einen plötzlichen Einfall hat, den er sofort loswerden will, und dabei spricht er immer lauter als sonst, besonders, wenn es nichts Gutes ist.

„Da hat doch wieder so ein Ferkel Farbeimer in die Osterhasengrube geworfen." Der Name der Grube war also schon zur Ortsbestimmung geworden. „Wehe, wenn ich diesen Idioten erwische, der seinen Tapezierabfall dort weggeworfen hat, der kann etwas erleben, mit der Nase werde ich ihn in die Farbe drücken und ihm dabei die Pinsel und die Tapetenreste um die Ohren hauen." Er sagte das in rheinischem Plattdeutsch, aber das hatten wir inzwischen von ihm gelernt, und so wussten wir in unserer „Zweisprachigkeit", was er meinte. Es entstand ein Augenblick der Ruhe, dann guckten Rudolf und ich uns an, und fingen wie aus einem Augenpaar gleichzeitig an zu weinen, was die Großeltern auf uns aufmerksam machte.

Der Großvater, dieser große, starke Mann nahm mich auf dem Arm, und ich werde wohl wie ein kleines Elendspaket ausgesehen haben: „Was ist dir passiert, mein Schatz, was ist los?" Dabei streicht er mit seiner großen Hand meine tränennassen Wangen, während Rudolf zur Oma läuft.

„Die schöne Osterhasengrube", schluchzte ich zwischen den Tränen, „das waren nicht die Osterhasen und die Gehilfenhasen?", und der Schmerz darum füllte meine ganze Gefühlswelt. Opa wusste jetzt, dass wir auch am Ort des Geschehens gewesen waren und was in unseren Köpfen vor sich ging. Er versuchte erst gar nicht die Geschichte von der Osterhasengrube aufrechtzuerhalten. Wir hatten für ihn auf der langen Lebensleiter eine weitere kleine Sprosse erstiegen. Aber er hatte ja noch viele andere Geschichten in seinem Kopf, auf die wir uns nach der Enttäuschung unter einer neuen Sichtweise freuen konnten.

Dann aber erzählte uns dieser nicht studierte weise Mann erst die Geschichten von den Geschichten, dass es verschiedene Arten davon gibt, die, die wirklich geschehen sind und die, die man sich wünscht, oder auch nicht wünscht, dass sie geschehen sind und nicht geschehen mögen.

Wenn ich heute auf dem Spaziergang an der Osterhasengrube vorbeikomme, dann bleibe ich stehen, schaue hinein, wie jetzt, und höre meinen Großvater erzählen.

Ein Blick nur

Die schöne Cellistin

Frisch sprudelnd fließt die Niers durch das uralte Gelände von Schloss Rheydt am Rande der Stadt. Hanno E. kommt von der Ritterstraße, die Vögel singen, der Tag ist hell und freundlich. Damit hat er schon die richtige Einstimmung auf das, was ihn erwartet. Zur Niers ist er hinabgestiegen, um nach einer Stunde ruhigen Fußwegs wie ein Eroberer am Schloss anzulanden. Er schöpft mit der hohlen Hand an einem Stein, wo das Wasser leise rauscht, einen Schluck, um die Stirn zu kühlen. In der Zeitung stand es schon, ein Labor habe festgestellt, das Wasser der Niers könne man dank des zuständigen Verbandes gleichen Namens, schon bald trinken. Es fühlt sich wirklich erfrischend an.

Mächtig wirken die Gebäude auf ihn, als er von den Auen des Flüsschens wieder hochsteigt. Die Hängebrücke ist heruntergelassen und er hat nicht den Eindruck, dass er ein ungebetener Gast ist, denn die Flügel des schweren metallbeschlagenen Tores sind aufgetan, und die unter dem Durchgang eingelassenen Schutzhäuschen der Wächter sind natürlich unbesetzt. Alles wie immer. Eine gewisse Andacht überfällt ihn, als er mit dem Blick über den Graben den Innenhof des Wasserschlosses betritt. Hanno ist Zweiundzwanzig, spontan, andererseits romantisch, oder wie in diesen Augenblicken, neigt zur Theatralik in seinen Handlungen. Aber heute will er nur ein Konzert der Symphoniker im Schlosshof hören. Er hat sich für dieses Konzert entschieden, da es leichte Musikkost gibt, Mozart, unter anderem die Werke aus seiner frühesten Jugend, das interessiert ihn besonders, er wollte es immer schon einmal hören, was dieses Kind zum Genie machte, genau das, was nach einem stressigen Tag an der Uni für ihn das Richtige ist.

Viele Kommilitonen wundern sich, dass er so für Klassik schwärmt, und nur manchmal für Chuck Berry oder

Elvis Presley, das kommt doch nicht von ungefähr oder über Nacht. Die Diskussion mit den Kollegen ist dann auch manchmal despektierlich. Aber was soll's, denkt er, jedem das Seine, jedermann sollte mit seinen Wünschen versuchen, glücklich zu werden.

Mit derer von Bylandts, der Familie des ehemaligen Schlossherrn, Otto von Bylandt, hatte er sich früher nur kurz beschäftigt. War er bisher der Ansicht, dass das ganz friedliebende Adlige waren, die keinem was zu Leide taten, so musste er sich von den Informationstafeln in den Kasematten eines Besseren belehren lassen. Da wurde eine jämmerliche Kreatur gezeigt, die in Ketten lag, und es lief ihm kalt über den Rücken, als er ein gedämpftes Kettenrasseln hörte, woher das kam, konnte er nicht ausmachen. Schnell weg hier.

Das waren ganz schöne Rabauken, diese von Bylandts, keine Raubritter wie Goswin und Arnold von Clevel, mit ihrem Knappen Dreyle und 44 Raubrittern auf der Burg Gripekoven, aber hier muss auch so mancher sein Leben gelassen haben, der den Zehnt nicht zahlen konnte, wenn die Ernte einmal verhagelt war oder die Sommerblitze das leichte Haus in Brand gesetzt hatten. Den früheren „Steuersündern" ging es schon ganz schön an den Kragen, denkt Hanno. Und jetzt fällt es ihm ein, warum er die Bylandts immer für Ehrenleute gehalten hat.

Im Café Obholzer an der Ecke Odenkirchen-Straße und Hugo-Preuß-Straße hat er eine ältere Dame einmal über die Bylandts sprechen hören, und ihre Gestik und die Stimme nahmen eine so vornehme Haltung an, dass er wohl den falschen Eindruck bekommen hat. Sie sprach von den Bylandts als würde der Name mit drei Ypsilon geschrieben und dabei hob sich ihre Stimme in höhere Oktaven, und er erinnert sich wieder an das Gesicht der Dame und ihrem gekünzelten Gehabe.

Genug über die Adeligen nachgedacht. Alle haben nichts mitgenommen, trotz aller Kämpfe, Kriege um Gold und Silber, Land und Besitz. Noch eine knappe Stunde, das Konzert hören und ein abendliches Vergnügen haben. Die ersten Musiker sind mit ihren Instrumentenkoffern angekommen, es sieht aus, als flüchteten sie, wahrscheinlich in die Garderobe oder wo man sich so aufhält außerhalb des eigentlichen Spiels vor den Zuhörern. Dicke und Dünne, Große und Kleine, Instrumentenbehältnisse und Musiker beides war lustig anzusehen, wenn man, wie er, sich seine Bilder machte.

Und da – Halloo – ist seine Jolie, die Hübsche, mit dem mittelgroßen Koffer, dem Cello als Arbeitsgerät.

Da soll nur noch einer sagen, ein Konzert wäre kein Vergnügen, es kann sogar ein doppeltes sein, kann es sein, wenn etwas dem Auge und der Seele gut tut.

Die könnte er sich als Freundin vorstellen, denkt er schon seit Wochen, und ist auch jetzt wieder nachhaltig begeistert. Aber er sagt, Ehrenwort, er gehe nicht nur wegen der schönen Cellistin ins Konzert. Er habe sogar ein Abo, weil der Preis günstiger ist. Seine Rechtfertigung ist verdächtig, aber wen geht das überhaupt etwas an?

Das Stimmen der Instrumente, „das Jaulen meiner Katzen", wie er immer sagt, ist zu Ende und langsam wird es still im Innenhof. Die Sitze sind gepolstert, erdige Farben, und man hat eine wundervolle Atmosphäre geschaffen unter dem blauen frühen Abendhimmel mit den zahlreichen Lichtern, von den Gebäuden her und von den Notenständern, die wie große Leuchtkäfer auf ihn wirken.

Langsam ist es still geworden. Die Zuhörer lenken ihre Aufmerksamkeit zum Orchester, wo 24 Musiker also das Kammerorchester heute, zu ihren Instrumenten greifen und mit Spannung auf den Dirigenten blicken. In der zweiten Reihe, in der Mitte, seine Schöne hinter ihrem Cello und lugt hinter dem ersten Cellisten zufällig in Hannos Richtung, wie das auch beim letzten Konzert schon passiert ist. Ob sie ihn jetzt wirklich wahrgenommen hat? Er ist sich nicht ganz sicher, und diese Frage stellt er sich jetzt schon sei einigen Monaten, seit sie in der Formation spielt, und sie ihm aufgefallen ist.

Cello spielt sie, und heute fragt er sich zum ersten Male, ob er sie nachher anspricht, dass er ihren Cellokoffer tragen möchte, ob der nicht überhaupt viel zu schwer sei für eine zierliche Frau? Wie überflüssig der letzte Teil der Frage ist, darüber macht sich keiner Gedanken, der das so sehen will, und er kann zur Zeit eben nicht anders, als so zu denken. Ich bin ja auch nur ein Mann wird er später dazu sagen.

Jolie, die hübsche Cellistin

Als sie sich vorbeugt in ihrem hochgeschlossenen schwarzen Kleid, das Glitzern der Pailetten am Halsansatz trifft ihn wie freundliche kleine Blitze einer Begrüßungszeremonie, treffen sich ihre Blicke zufällig. Nein, an Zufälle glaubt er nicht, wohl an Fügungen, die das Leben wie einen Motor vorantreiben. Sie hat ihn garantiert wahrgenommen, sinniert er, den schmachtenden Blick so gesehen, wie er gemeint ist, und sie schaut immer herüber zu ihm, wenn die Partitur es zulässt. In der Symphonie, die gespielt wird, ist man gerade beim 2. Satz angelangt, und er registriert, dass sie wohl schon den wievielten Blick riskiert hat? Hinter dem ersten Cellisten „getarnt" und dennoch kess, lässt sie ihre Augen inzwischen kurz verweilen. Ihr Blick weicht nur einmal unbeabsichtigt dem seinen aus. Von alledem ist er inzwischen überzeugt und fühlt sich wohl dabei.

Und dann denkt er: Beim nächsten Mal, wenn sie herschaut, werde ich ihr so tief in ihre Augen sehen, wie dies aus seiner Entfernung möglich ist, dass ihr der Bogen aus der Hand fällt. Die Streicher setzen zu einem gewaltigen Fortespiel an, das alles andere zu übertönen scheint, dann, langsam verebben die Töne, um den zarten Klängen der Harfe Platz zu machen. Vor dem Hintergrund dieser verhaltenen Passage treffen sich ihre Blicke, und dann geschieht es, weil es keine Zufälle gibt:

Klackernd fällt ihr Bogen auf den Holzboden der Bühne. Mit hochrotem Kopf bückt sie sich danach, ein wenig zu rasch, ihr Stuhl kippt polternd um, erfasst eine dahinter angelehnte Bassgeige, die mit schmerzhaft klingendem Krachen zur Seite fällt.

Der Dirigent zuckt zusammen, gerät aus dem Konzept, steht starr, und die Enden seiner Rockschöße beruhigen sich augenblicklich.

Die ersten Musiker unterbrechen ihr Spiel, Zuschauer beginnen verlegen zu lachen, einige aus der ersten Reihe springen auf, um behilflich zu sein und die Ordnung auf der Bühne wieder herzustellen.

Ein Geiger greift genervt in seine Tasche, holt eine Rolle „Hillers" Pfefferminz hervor, sich zu erfrischen oder zu beruhigen, was von beidem, das weiß er selbst nicht.

Der Konzertmeister steht auf, wohl in der besten Absicht, alle zu beruhigen, doch auch er in der Hektik etwas zu schnell: seine Frackschöße wirbeln um einen Notenständer, der ins Kippen gerät, und nach dem Prinzip der „trägen Masse" weitere Ständer scheppernd mit sich auf den Bühnenboden reißt.

Kein Orchestermitglied, kein Zuschauer, der jetzt noch auf seinem Platz ist. Alles spricht und agiert durcheinander, und es herrscht ein heilloses, im Augenblick nicht zu beherrschendes Chaos nach dem Dominoeffekt.

Als dann noch jemand gegen den Lichtschalter stößt und die Szene in ein Dunkel legt, ist das dürrenmattsche Durcheinander komplett. Irritierte Zuschauer, die lächeln, weil sie wissen, das so etwas nur einmal in hundert Jahren geschieht, und sie sind dabei gewesen, streben dem Ausgang zu. Es sieht aus wie eine Flucht aus dem Wasserschloss über die leicht schaukelnde Hängebrücke, wie bei Ritterspielen, hier vor der leeren Kulisse des spätabendlichen Schlossparks.

Als die Notbeleuchtung dann aufleuchtet, stehen seine „Jolie" und er sich gegenüber, sehr nah. Wortlos sehen sie sich an, sie lächelt zum ersten Mal, und sie wissen, dass es wirklich keine Zufälle im Leben gibt.

Das war an einem Sommertag des Jahres 1958, und in wenigen Monaten werden die beiden ihre Goldhochzeit feiern, mit vielen alten, lieben Kollegen der beiden Glücklichen.

Und, er nennt sie immer noch: Jolie, die Hübsche.

Liebe Zeitung!

Die uralte Frage nach dem Weihnachtsmann

Im Dezember des Jahres 1959 erhielt der Zeitungsredakteur Gernot G. von der W-Zeitung in Mönchengladbach einen Brief von zwei Kindern. Das erinnerte ihn an die kleine Virginia, die im Jahre 1897 an die Redaktion einer amerikanischen Zeitung geschrieben hatte, mit der Frage nach dem Weihnachtsmann. Die kleine Virginia hat ihr Leben in den USA gelebt, und aus ihrer seinerzeitigen Frage ist eine Erkenntnis geworden. Virginia wird wohl auf die Erde schauen und nicht an den Sprachbarrieren scheitern, die nach der Bibel von Menschen hier auf der Erde durch ihrem Größenwahn verursacht wurden. Jetzt schrieben die beiden Kinder.

Lieber Herr Gernot G. – Liebe Zeitung!
Ich heiße Berthold und gehe in die Volksschule in Hardt und bin in der 2. Klasse. Meine Cousine, die Lea, wohnt bei meiner Tante und meinem Onkel in Mönchengladbach-Stadtmitte, wo sie an der Aachener Straße in die Volksschule geht. Sie ist auch im 2. Schuljahr. Schade, dass wir nicht in einer Klasse sind. Aber das wäre eine andere Geschichte und hat damit zu tun, dass mein Onkel meine Tante bei Café Oelmanns in Mönchengladbach beim Tanzen kennenlernte. Ich lebe gerne in Hardt, denn hier sind Wälder, grüne Wiesen und Tiere. In der Stadt ist alles so laut, und die Menschen hetzen immer hin und her.
Unsere Freunde in der Schule sagten auf dem Schulhof während der Pause: „Es gibt gar keinen Weihnachtsmann!" Und sie lachen dabei, aber das Lachen war nicht so schön wie beim Erzählen von lustigen Geschichten. Als Lea mir erzählte, dass sie das auch in ihrer Schule gehört hat, beschlossen wir, unsere Papas zu fragen.
Beide sagten, wir sollten an den Herrn Redakteur Gernot G. bei der Zeitung schreiben, der wüsste viel und könnte

*uns bestimmt helfen. Das Wort ‚Redakteur' haben Lea
und ich jetzt beim Schreiben dieses Briefes gelernt. Sie
sagten sogar, die bei der Zeitung seien schlau, da sie viel
hören und lesen und nicht noch durch Sehen wie die Leute beim Fernsehen abgelenkt würden. Das mit dem Sehen
haben sie aber nur als Spaß gesagt.*

*Bitte, sagen Sie uns die Wahrheit, gibt es einen Weih-
nachtsmann?*

*Aber das müssen wir noch sagen, unsere Mamas haben
uns geholfen, diesen Brief zu schreiben. Wir haben alles so
aufgeschrieben, wie Lea und ich es meinen.*

*Sie können sich denken, dass wir noch nicht so gut schrei-
ben können. Aber die Mamas sagten, das wäre eine gute
Übung."*

*Liebe Grüße von Berthold und Lea
(aus Hardt und Mönchengladbach-Stadtmitte, aber Papa
sagt, Hardt ist doch auch Mönchengladbach.)*

Kinder fragen und wir Erwachsenen müssen ihnen die
Antworten des Lebens geben können. Und so schrieb der
Redakteur Gernot G. zurück.

*Meine liebe kleine große Lea, mein lieber kleiner großer
Berthold:*

*Ich weiß nicht, ob wir schlau sind, aber ich weiß, dass Eure
Freunde nicht recht haben. Ihr solltet wissen, dass wir in
einem Zeitalter leben, das an vielen Dingen zweifelt. Alle wollen nur noch glauben, was sie sehen. Man hat große
Entdeckungen gemacht, schnelle Maschinen entwickelt,
mit denen man das Wissen speichern kann, man möchte
die Zeit am liebsten einholen und die Zukunft bestimmen.
Eure Freunde sollten jedoch nicht vergessen, dass unsere
‚große' Erde nur ein Staubkorn im Universum ist, und unser Wissen nicht mehr als das, was die Ameise über den
Elefanten weiß. Das ist weniger als der Instinkt. Das ist
ganz, ganz, ganz wenig.*

Ja, liebe Lea, lieber Berthold, es gibt einen Weihnachtsmann, der Sankt Nikolaus heißt.

Das sind aber nicht die Männer mit den roten Kostümen in den Straßen und Kaufhäusern, die nur etwas verkaufen wollen, das ist eine Erfindung der Werbeagenturen in Amerika, die, wie so vieles Schlechte von dort, zu uns kam.

Gäbe es den richtigen Weihnachtsmann nicht, so wäre es traurig um uns bestellt. Das ist so wahr, wie sich diese Welt unerklärlicherweise dreht, ohne durch etwas gehalten zu werden, nur von den Kräften, die man nicht sieht.

Ihr wisst doch, dass Ihr die Liebe Eurer Eltern auch nicht sehen und begreifen könnt. Wenn aber die Liebe von Mama und Papa nicht wäre, dann würde es Euch nicht geben. Aber es gibt Euch zum Glück. Es gibt also den Weihnachtsmann so sicher, wie es die Liebe gibt.

Eure Freunde werden auch behaupten, es gäbe keine Elfen und Feen. Wartet nur die Zeit ab, etwa in 10 Jahren, denn heute könnt Ihr vieles noch nicht verstehen, jetzt müsst Ihr es noch glauben.

Dann steht Ihr an der Seite eines geliebten Menschen, vielleicht in einer stillen Sommernacht, vor einer in Mondschein getauchten Landschaft. Und Ihr werdet die Elfenkönigin mit ihren Elfen tanzen sehen, und die Töne jenes Abends werden Euch verzaubern. Ich weiß, dass Ihr keinem Fremden davon erzählen werdet, aber am nächsten Morgen werdet Ihr mit wachen Augen vergeblich nach den Eindrücken der kleinen Tänzer auf den Wiesen suchen. Aber trotzdem waren sie da. Es ist wie mit dem Regen während Ihr schlaft: Wenn Ihr erwacht und die Straßen sind feucht, dann wisst Ihr, dass es geregnet hat, ohne dass Ihr es gesehen habt oder nass geworden seid. Es ist aber geschehen.

Ihr könnt in der Weihnachtszeit auch Wachen aufstellen, damit sie Eure Kamine bewachen. Sie werden Euch am Weihnachtsmorgen nur berichten, dass kein Weihnachtsmann durch den Kamin ins Haus eingestiegen ist.

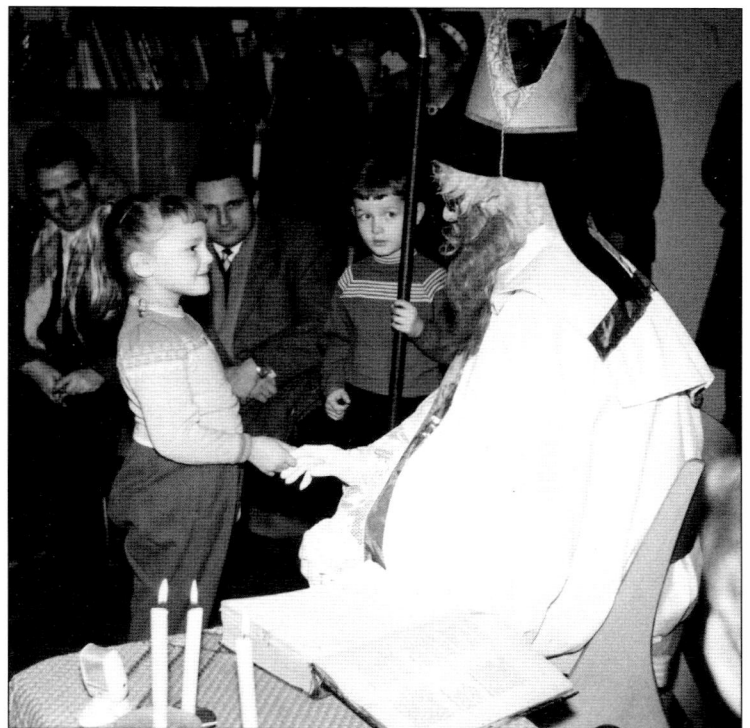

Ein Weihnachtsmann zum Anfassen

Aber was würde das beweisen? Trotzdem werdet Ihr aufwachen und unter dem Christbaum die Gaben der Liebe finden, die Eure Wünsche erfüllen.

Die schönsten Dinge kann man nicht sehen und begreifen. Wie sagte es der „Kleine Prinz" so wunderschön durch den französischen Schriftsteller und Piloten Antoine de Saint Exupery:

„Man sieht nur mit dem Herzen gut".

Ja, von diesem Glauben leben unsere Dichter und Denker, unsere Träume, lebt unsere Hoffnung. Und wie bitter und öde wäre die Welt, wenn wir nicht mehr träumen dürften. Ich hatte als Kind eine Kinderklapper. Oft habe ich mich gefragt, wie eigentlich das Klappern entsteht.

Eines Tages war es mir gelungen, die Kugeln der Klapper zu öffnen. Enttäuscht habe ich sie weggeworfen, denn hinter dem Geheimnis, das mich lange Zeit gelockt hatte, standen ein paar unscheinbare, mir nichtssagende kleine Zelluloidkugeln. So ging mir mit der Entzauberung des Geheimnisses auch seine Schönheit verloren.

Sagt also Euren Freunden, dass man ein Geheimnis nie vorzeitig enthüllen darf, sondern dass man in die unsichtbaren Dinge unseres Daseins hineinwachsen, in sie hineinreifen muss.

Ihr dürft mir glauben, noch in vielen hundert Jahren wird der Weihnachtsmann die Kinderherzen höher schlagen lassen, wenn wir Menschen den Frieden auf dieser Erde wie ein Feuer bewachen.

Haltet Euch Euren Zauber, auch wenn er manchmal zu einer Sprachlosigkeit wird, es ist Euer Weihnachten, das Weihnachten der Kinder, mit dem Geheimnis, dass vor 1957 Jahren ein Kind, ein ‚König' für die Menschheit, in einem Stall in Bethlehem geboren wurde.

Lea und Berthold, vielleicht verwahrt Ihr diesen Brief bis zu dem Tage, an dem er für Euch wahr wird und Ihr Euer Wissen weitergebt.

Frohe Weihnachten für Euch und Eure Eltern, und grüßt Eure lebensklugen Mamas und Papas von mir.

Euer Gernot G.
(W-Zeitung)

Sarah, ein Kosmos ...

... oder die Makulatur eines normalen Tages

Sie begegnete mir an der Rheindahlener Straße in Wickrath, in Höhe der Quadtstraße, Sarah, eine kleine, feingliedrige Dame, deren Alter ich mir jenseits der zweiten Hälfte ihrer 70er-Jahre vorstellte. Anscheinend hatte sie gerade im Konsum eingekauft, darauf wies die gefüllte braune Papiertüte mit dem unverwechselbaren Schriftzug hin, die sie in der linken Hand hielt. Mit der Rechten stützte sie sich auf einen Gehstock, der mit silbernen Beschlägen geschmückt war und einen aus Elfenbein geformten Tierkopf als Handgriff hatte. Es war ein sonniger Spätherbsttag des Jahres 1964, an dem sich auf dem Kirchvorplatz der Wochenmarkt eingerichtet hatte, und ich hatte mir einen Plan gemacht, den freien Tag zu nutzen für Erledigungen, die man ansonsten vor sich hin zu schieben pflegt. Bauern und Gärtner aus Beckrath, Herrath und weiter entfernt liegenden Orten des Kreises hatten ihre Stände aufgebaut, der Gemeindediener war dabei, die Gebühren einzukassieren, die Leute strömten in die Stadtsparkasse Wickrath, um Geld für das Wochenende und für den Markteinkauf zu holen. Es schien ein guter Tag zu werden, aber es wurde der beste Tag in meinem Leben.

Das weiße Haar der alten Dame war streng nach hinten gekämmt und bildete im Nacken einen Knoten, der mit zwei Schildpattkämmen einen würdigen Kopfschmuck bildete. Die Kleidung war unauffällig schlicht, und man konnte unschwer feststellen, dass Kleid und Jacke nicht den Schnittmustern der neuen Modehefte entsprachen, so wie man das oft bei älteren Menschen feststellt, die im Ruhestand leben und nicht einem Trend nachlaufen. Das kann die vielfältigsten Gründe haben, eine schmale Rente oft, oder einfach, dass man nicht mehr mit der Zeit gehen will, denn ab einem bestimmten Alter steht man, warum auch immer, nicht mehr im Fokus der Werbung. Das alles spielte bei ‚meiner' Dame keine Rolle, und trotzdem waren noch viele Fragen in meinem Kopf, man sah ihr an, sie war eine Person mit Lebensart und Stil. Sie hatte jene guten Zeiten gesehen, die noch aus einer anderen Ära herübergerettet sein mochten. Die Farben der großen Fantasieblumen, die das lange, bis an die Knöchel reichende Kleid bedeckten, wirkten etwas blass oder ausgewaschen. Die Jacke saß auch nicht so recht, was daher rühren konnte, dass die Dame sehr stark nach vorne gebeugt ging. Offensichtlich wollte sie die Straße überqueren, sie schaute immer wieder links und rechts, aber der Verkehr, der um diese Zeit herrschte, es ging auf Feierabend zu, bot ihr bei ihrer Langsamkeit keine Gelegenheit, eine Lücke zwischen zwei Fahrzeugen zu nutzen. Ich ging auf die hilflos wirkende Frau zu: „Darf ich Ihnen beim Überqueren der Straße helfen, meine Dame?", ich reichte ihr gleichzeitig meinen Arm, den ich ihr als Rundung entgegenstreckte, damit sie sich einhängen sollte. Erstaunt sah sie mich an, und auch ich nahm mir Zeit, sie anzusehen. Ich bemerkte ihre fröhlichen Augen in den gleichmäßigen Zügen des noch immer altersschönen Gesichtes. Da war ein leichter Flaum mit einer kleinen Warze rechts unter dem Schwung ihrer Lippen, die einmal sehr begehrenswert gewesen sein mussten.

Die tiefen Falten der spröden Gesichtshaut zeigten mir die Spur ihrer Lebensjahre wie die Jahresringe eines alten Baumes. Mit einem schlichten „Danke" hakte sie sich bei mir ein, und am Druck ihres Armes spürte ich, dass es ihr eine Wonne war, sich von mir helfen zu lassen. Ich nahm ihr die Tüte mit den Einkäufen ab, wir gingen ein paar Schritte zusammen, die unwillkürlich zu einem kleinen Spaziergang durch den kleinen Ort gerieten. „Es hat sich doch viel in den letzten vierzig Jahren verändert, aber das alte Schloss müsste mal wieder aufleben und auf die Gerüche der Lederfabrik könnte man gut verzichten." Ihre Stimme war bei diesen Worten fest und hell, und das leichte Zittern war die Rührung, die bei den Eindrücken aufgekommen war. „Diese kleinen Häuser in der Quadtstraße stehen trotz des Krieges noch oder sind wieder aufgebaut worden. Hier habe ich als Kind immer die Milch geholt", und sie zeigte auf einen Torbogen, hinter dem sich früher einmal ein Bauernhof befunden haben muss. „Ja, ja, wie lange das nun schon her ist, wie schön, das alles noch einmal zu sehen", sagte sie zwischen Fragen und Antworten. Aber dann fragte sie etwas, was mir augenblicklich den gesamten Kosmos ihres Lebens erschloss, obwohl ich nichts von ihr wusste. „Steht die Synagoge in Mönchengladbach noch?" Ich war innerlich wie versteinert, was sie merkte, sodass sie meine Zustimmung erst gar nicht erwartete. Ihre Frage war für sie wie ein Erinnern an ein schönes sakrales Gebäude vor dem Kriege geworden, es taten sich ihr Wege und Personen auf, und ich wusste jetzt, dass sie kein leichtes Leben gehabt hatte.

„Ach, wissen sie, junger Mann", „ich bin vor vierzig Jahren, 1924, aus Wickrath weggegangen. Damals war vieles hier anders, die Häuser, die Niers, das Schloss, die Lederfabrik." Sie wiederholte vieles, aber ich sah, auch das tat ihr gut, und ich ließ sie erzählen, es war ihr ein Bedürfnis, sich und ihre Erinnerungen an das alte Wickrath mitzuteilen. Dass sie jetzt das erste Mal nach der langen Zeit und dem Tod ihres Mannes, der im Krieg geblieben sei wieder hier sei, wäre ihr wie nach einer Ewigkeit vorgekommen, aber die Bilder zwischen Erinnerung und Gegenwart bewegten sie, ließen sie glauben, es sei alles erst gestern gewesen, obwohl der Krieg die Welt so geteilt habe. Sie sei im Jahre 1924 ihrem Mann der Liebe wegen gefolgt, was sie nie bereut habe. Solch eine Entscheidung über Bleiben oder Gehen sei in diesem Zusammenhang in ihrer Generation nie eine Frage gewesen, die Frau folgte dem Mann, sagte sie. Sie zog in den Schwarzwald, nach Alpirsbach, in der Nähe von Freudenstadt. Ihr Mann war dort zu Hause. „Ich machte eine Ferienreise dorthin und lernte meinen zukünftigen Mann kennen. Viele Ansichtskarten und Briefe wechselten hin und her, bis wir merkten, dass es die Liebe war, die mir eine Entscheidung abnahm."

Wir standen jetzt auf dem Fahrradweg. Ein kleiner Junge kam auf der Hochstadenstraße mit seinem Fahrrad auf uns zu gefahren, riss im letzten Augenblick den Lenker herum und war auch schon mit einem Schlenker an uns vorbei. Die Dame packte mich unwillkürlich fester. Und sie kam mir vor wie ein kleiner Vogel, der sich ängstigt. „Ich denke, wir sollten jetzt versuchen, auf die andere Straßenseite zu kommen. Es ist sehr freundlich von Ihnen, mir behilflich zu sein. Wissen Sie, meine Beine wollen nicht mehr so recht."

„Im Schwarzwald, da ist es doch sicher sehr schön", griff ich den Faden von eben wieder auf. Sie lachte. „Das will ich meinen, herrlich ist es, ... aber Wickrath ..." Sie stockte, ließ meinen Arm los, der ihr eben noch einen sicheren Halt geboten hatte. Vorsichtig hob sie langsam ihre Hand und strich mir über mein bereits schütteres Haar. Für einen Augenblick schloss ich meine Augen, und mir lief ein Schauer über den Rücken, als ich sie sagen hörte: „Aber da, wo man geboren ist, Kind war, da ist eben alles ganz anders."

Es war mir, als ob sie zwischenzeitlich größer geworden wäre, sie stützte sich auf den Gehstock und stand, sich erinnernd, mit geschlossenen Augen so aufrecht da, wie es ihr möglich war, und es erschien mir, dass auch ihre Jacke die richtige Proportion zu ihrem Körper bekommen hatte. Und ihr bewusstes Einatmen und die kurzen Atemstöße des Ausatmens waren gut für sie. Im nächsten Augenblick lächelten mich ihre alten Augen fröhlich an. „Ja, ja, ich bin schon eine schrullige Alte, und damals bei der Hochzeit war ich eine Späte. Sie hätten meine Tochter hören sollen, als ich ihr davon erzählte, dass ich noch einmal nach Wickrath wollte. Sie stand starr vor Verwunderung, schaute mich ungläubig an und hat getobt, dass ich mich und uns blamiere. Dabei kennt sie hier keine Menschenseele, und von meinen Bekannten lebt hier ohnehin keiner mehr. Ob meine Tochter wohl dachte, ich sei zu klapprig, um alleine meinen Heimatort zu finden?" Auch jetzt erwartete sie keine Antwort von mir, war ganz in ihrer Erinnerung versunken und sprach wie zu sich selbst: „Ich habe mir die Kleider angezogen, die ich damals trug, als ich die ,Holzklasse' der Eisenbahn am Bahnhof hier drüben bestieg." Sie hob dabei den Gehstock gen Himmel und ließ ihn in die richtige Richtung mit der Spitze fallen. „Und als die Dampflok bei der Anfahrt die Waggons in ein Gemisch aus Wasserdampf und Kohlenstaub hüllte, da war ich froh, dass Wickrath mir verschwommen und wie im Nebel durch die Fenster des Abteils erschien, als ich es zurückließ. Es tat weh, denn ich wusste, dass ich wegen der Zeitwirren lange Zeit fern sein würde. Zwei Töchter, ein Sohn, alles gut gegangen, es war ein anderes Leben, gute und schlechte Zeiten, in einer Landschaft, die mich durch ihre Schönheit vergessen ließ, wenn die Sehnsucht nach der kleinen Stadt am Niederrhein übermächtig wurde. Ich habe mich nicht darüber zu beklagen, was das Leben mir geboten hat, es gibt keine Zufälle, alles ist Schicksal."

Melancholie und Fröhlichkeit wechselten während der Schilderungen einander ab, wobei die gehobene Gefühlslage obsiegte und mich ansteckte.

Es war ein strahlender Herbsttag 1964, als ich Sarah zum ersten und zum letzten Mal getroffen habe. Ich habe ihr über Jahre noch geschrieben und sie mir, und nur aus ihren vielen Briefen konnte ich mir ein bescheidenes Mosaik über die Hölle erstellen, die ihre Familie unter den Nazis erlebt haben muss. Aber mehr als „Mein Mann ist im Krieg 1941 für Deutschland gefallen", hat sie mir nie zum Schicksal ihres Mannes mitgeteilt. Dann kam eines Tages mein Brief zurück, ich hatte es irgendwann einmal erwartet, mit einem Stempel der Post, der verschiedene Ankreuzungsmöglichkeiten einräumte. Dort war vermerkt: „Empfänger verstorben."